U0479458

识美十法

曹栋 著

学苑出版社

图书在版编目（CIP）数据

识美十法 / 曹栋著. —北京：学苑出版社，2024.1
　ISBN 978-7-5077-6831-2

　Ⅰ.①识… Ⅱ.①曹… Ⅲ.①美学—研究 Ⅳ.①B83

中国国家版本馆CIP数据核字（2023）第238322号

出 版 人：洪文雄
责任编辑：陈　佳　齐立娟
出版发行：学苑出版社
社　　址：北京市丰台区南方庄2号院1号楼
邮政编码：100079
网　　址：www.book001.com
电子邮箱：xueyuanpress@163.com
联系电话：010-67601101（营销部）010-67603091（总编室）
印 刷 厂：天津鑫旭阳印刷有限公司
开本尺寸：710 mm × 1000 mm　1/16
印　　张：15.5
字　　数：190千字
版　　次：2024年1月第1版
印　　次：2024年1月第1次印刷
定　　价：118.00元

序言

长久以来，我有一个夙愿，就是把如何感受美这件事，用简单明了的语言表达出来。不是教科书上那种抽象的美学论述，而是每个人都可以基于自身体验去发现的、将艺术美和生活美关联起来的审美方法。

这个愿望建立在两个信念的基础上，一是我相信艺术给我们提供了别处无法得到的感受；二是由艺术审美而获得的美感可以帮助我们更好地去发现生活中的美。

但是，如何把感受美说清楚，让混沌的美感显现出丰富的层次，却不是件容易的事。之前，专门从事绘画的时候，我有很多美感体验却说不出来，看到经典的绘画作品或传统的造像艺术，心潮澎湃，嘴里却只能蹦出个"好"字。后来读博士，虽然掌握了一些美学理论，却发现实践的感性体验和理论的概念表述完全是两回事，它们分属两个不同学科，所以，每每谈及美感，不是似是而非地使用一些形容词，就是套用一些模棱两可的美学概念，而真正的美感体验却顺着文字的间隙溜走了。

怎样把美感体验以及获得美感的方法说清楚，便成了我博士毕业十多年来一直苦思冥想的事情。

这期间遇到了好几个棘手的难题。首先，虽然我的研究方向本就是中国传统绘画与西方现代绘画比较研究，对古今中外的艺术作品耳熟能详，但是不可否认，呈现在大家面前的艺术现象异大于同。灿若星河的美术史中，每一个艺术家、每一件作品都在强调着自己的独特性。如何透过纷繁复杂的艺术现象，追溯艺术审美的原动力，这是我们首先要面对的问题。

为此，我做了多年的儿童绘画现象观察，希望从艺术发生的源头理出一些头绪，看一看美感现象发生的底层逻辑是什么。从两三岁幼儿涂鸦的快乐到五六岁孩子随心想象的沉迷，再到七八岁孩子对图形意义多元性的好奇，乃至十来岁孩子对于流行时尚的模仿……一路观察，一路思考，我逐渐发现：一个人的美感，从根本来说，源于他原初的身体知觉经验，以及那些曾经触动他心灵的生命经验。而成年人之所以觉得审美难，恰恰是因为被繁忙的社会生活裹挟得太厉害，而遮蔽了自身原初的生命经验，失去了赤子之心，以至于对美没有了感知能力。

想要识美，一定离不开一个活泼泼的心灵，更离不开时代文化的塑造与传统艺术的给养。虽然，为了博士论文，我用了五年的时间研究传统造型艺术，但是对于传统造型艺术美的底蕴的感悟，却是在我对儿童绘画有了深刻的理解之后才获得的。当我抛开样式的辨析、年代的考据、风格的定义之类的美术史问题，而透视到其造型美得以发生的原初动力，便对如何对传统艺术进行审美有了更贴切的感悟。

现在回头来看，中西方艺术比较研究带来的开阔的艺术视野、对儿童艺术现象的观察理解，以及对传统造型艺术的深入研究，这三方面的知识储备是支撑起这本书的基础。

如何让文字通俗易懂依然是个难题。因此，在写作过程中，每次感觉写得顺手的时候，我就会反问自己，是不是美学概念用多了？专业术语虽然顺手好用，但是放在"美学普及"的文章里，它们便成了阅读障碍的制造者，需要一点一点地剔除。这样又断断续续地持续了一年多的时间。每个章节都请我读高中的女儿先读，以此剔除掉那些隐晦的美学术语，让我可以将深刻的审美形式的探讨含蓄地潜藏在字里行间。

这样的结果就是，呈现给大家的这本书没有晦涩的美学概念，也没有堆积任何美术史知识，完全是在用日常的语言来说艺术审美的事，用诗化的意象引领大家观看艺术乃至自然之物，并受到启发。

经过这番推敲，待到大家翻阅这本书的时候，心里一定会和我一样感叹："生活中不缺美，缺的是发现美的眼光。"生活和艺术中的形象一样，无论是朴实的还是细腻的，无论是乖巧的还是张狂的，都载有美的信息，它们就在那里，从来不曾改变，只是需要识美的人去发现。

就像从前坐火车耳边萦绕的咣当声——火车在铁轨上飞驰时，发出的那种声音，在漫长的旅途中若隐若现，感觉是随意的，却是规律的，似乎是有趣的精灵，只要稍微留意，就会从寂静中跳出来，跳到我们的旅途中，来演奏一曲，时而风驰电掣，像乡村少年在奔跑，时而慢腾腾，像上了年纪的老农在踱步。这种声音曾经持续了很久，也消失已久。它平凡、普通，并不悦耳，像是藏在大地里的气息，卑微得让人不易察觉，但是，它却用最不经意的方式证明了，最深刻的美感就蕴含在生活中，显现于人们不经意的感动之中。

希望这本书可以成为大家人生旅途中的陪伴，闲暇的时候看一看，顺手拿来翻一翻。如果在阅读的时候，听到我叙述的内容，不自觉地凝视一下窗外的风景或者对艺术产生新的想象，那就太好了。或者再奢望得多一些，如果看过这本书之后，微微一笑，觉得它陪伴你度过了一段美好的时光，对于我来说，那就是最美的期许了。

2023年桂秋

厚山书房

目录

第一章　气韵生动之美　001

一、寻找一种沉浸于自然之中的感觉　004

二、与自然万物一道起舞　006

三、先要激活自身的感受力　008

四、被动地感受不如主动地模拟　010

五、看气韵如何在艺术形象中显现　013

六、通过运动的线条辨识美的意蕴　015

七、看"离披点画"皆有意　017

八、基于自己的生命体验去审美　020

小结　024

第二章　身体力势之美　025

一、更深刻的美感源于触觉　028

二、画画之前，先感受一下自己的手　030

三、看不懂的话就联想一下身体经验　　032

四、在简单的几何形中看画家的立场　　035

五、在身体姿势的模仿中让美感显现　　038

六、基于体态推理图形的意旨　　040

七、借身体姿势揭示艺术形象的气质　　043

八、看到了画中的力就看出了画中的意　　046

小结　　048

第三章　感应成形之美　　049

一、"听见"一条跌宕起伏的线　　052

二、换个角度让艺术批评能力迈进一大步　　054

三、图形里藏着的音乐你看得见吗　　055

四、从有形的画面延展出无限的想象　　058

五、辨识出气味让画面的意境陡升　　062

六、几何形如何构造出清晨的气息　　064

七、丰富的味觉不只来自舌尖也来自眼睛　　066

八、基于味觉的社会现象批判更触动人心　　068

小结　　070

第四章　格物遐想之美　　071

  一、从智者乐水说起　　074
  二、水的情调与自由的遐思　　076
  三、蕴含在平凡中的似水流年　　077
  四、在对水的想象中照见了优美　　082
  五、听耕牛和大犁车说说土的涵养　　084
  六、看火的精神如此耀眼地显现　　086
  七、在壮美的意象中探寻净化心灵的力量　　088
  八、铄金为器的法度之美　　090
  九、在遐想中探寻秩序美的图式　　093

  小结　　096

第五章　氤氲成象之美　　097

  一、想象最初的目的就是为了痛快　　100
  二、艺术的想象源于渴望，忠于心愿　　102
  三、想象是一个既普通又离奇的现象　　103
  四、在想象的世界里，你我就是造物主　　105
  五、看想象和设想相伴而生的美　　108
  六、通过想象来充实关于自我的知识　　110

七、想象为书，梦为马，看飞在空中的美　　112

　　八、有无限可能性的世界是美的　　114

　　小结　　116

第六章　个性显现之美　　117

　　一、看到真正有生命力的东西　　120

　　二、透过动物的外形特征看到自我个性的美　　122

　　三、个性美在动作与情态中显现　　124

　　四、动物形象可以用来隐喻人的个性　　127

　　五、抽出那条寓意着个性美的线条　　129

　　六、属相和我们的审美有什么关系　　131

　　七、生活于特定文化氛围中的群体面孔　　134

　　小结　　136

第七章　心情愉悦之美　　137

　　一、美，起始于一种感同身受的同情　　140

　　二、在直面鄙俗中获得超越的感觉　　143

　　三、选个适当的角度看自画像　　147

　　四、照见自我性情本来的模样　　150

- 五、为什么说眼睛是心灵的窗口　　152
- 六、看得见的东西都是俗的　　154
- 七、如何看"天上人"的神情气宇之美　　155
- 八、微笑中显现神性的光晕　　159
- 九、开启一条超越自然心性之路　　161

　　小结　　164

第八章　知天明理之美　　165

- 一、大简至美　　168
- 二、中正无邪　　172
- 三、圆满之美　　177
- 四、光影随心　　181
- 五、明心见志　　185

　　小结　　188

第九章　刹那永恒之美　　189

- 一、无法闭合的圆　　192
- 二、一刹那的容量有多大　　193
- 三、唯有对生命力的渴望可以持久　　196

四、在寂灭中感伤宇宙亘古的苍茫　　　　　　　　　　197

五、在跃动间照见生生不息的美　　　　　　　　　　　199

六、抓住那条系在传统造型艺术魂魄上的线　　　　　　201

七、于古拙处举新生，于平淡处见天真　　　　　　　　203

八、留一片虚空让心灵去飞　　　　　　　　　　　　　207

小结　　　　　　　　　　　　　　　　　　　　　　　210

第十章　齐物逍遥之美　　　　　　　　　　　　　211

一、自然入了心便是从容　　　　　　　　　　　　　　214

二、心灵任于自然便是逍遥　　　　　　　　　　　　　220

三、按照自己的气质看自然便是审美　　　　　　　　　221

四、看生活世界万物有情　　　　　　　　　　　　　　224

五、得万物之养便可有共生之美　　　　　　　　　　　225

六、得万物之意便有了情深意厚　　　　　　　　　　　226

七、与俗浮沉，便可识人情世事之美　　　　　　　　　230

小结　　　　　　　　　　　　　　　　　　　　　　　234

第一章

气韵生动之美

——
相对于那种克服了一定阻力却依然保持着流畅感的线条来说，顺滑的线条过于轻浮无聊了。

在晴朗的冬日午后，打开向阳的窗，一股凉气夹杂着明亮的光涌了进来。我的视觉神经似乎是被撩逗到了，不由得深深地吸了一口气，眼前仿佛出现了印象派画家笔下的风景，有五彩缤纷的颜色和冷暖交错的空气。

印象派画家的画面确实漂亮，即便是偶然回忆起来或者在脑海中一闪而过，也会觉得被触动，感觉像是一场视觉盛宴一般，为之欢愉。印象派画家们并不在意自然的形状，也不在意实体的模样，而是沉醉于光的绚烂，执意要让色彩化作光的傀儡，在蓝色天空及阴影的衬托下一点点地绽放，像是在表演欢乐的喜剧，为清晨的粉绿装点上粉红的气息，在蓝紫色的阴影中炫耀金色的沉默。

这让我不禁感叹，印象派画家凝固在画面中的色彩太过绚烂了，以至于给人一种幻觉。它们可以逃离时光的禁锢，肆意地表现自我生命的热情，就像是不用担心枯萎的花朵一样，把浮光掠影当作真实的存在。

确实，印象派的色彩太过虚幻了，那看似不败于岁月的绚烂，反而给人强烈的不真实感。因为我知道,即便是最坚硬的磐石依然会被时光侵蚀,何况附着于其上的颜色呢?这样想来,突然感觉那欢愉的色彩带来的不仅是视觉的愉悦,还有黯然的惆怅,悦目的表象下包含着一种生命易逝的无奈,就像是那束光,从来没有人可以真正地捕捉到它。即便是借着丰富的颜色,表现出激动人心的光彩,但是,如果我不能在那一束光中感觉到自己的存在;如果我除了驻足观看之外,感受不到自己内心的渴望,那么,再绚烂的颜色也会索然无味。

一、寻找一种沉浸于自然之中的感觉

还记得春天时的模样吗?田野上,尽情地释放自我,蹦跳、旋转、玩耍,沉浸在开心的情绪中,身体似乎在不知不觉中与自然有了相似的节律,在嬉戏中,感知到了自然的气息,也意识到了自己的存在,不由自主地欢欣雀跃。有了这样的体验,如果给我一支画笔,我会不假思索地画出太阳,画出花草树木,因为春天的气息渗透到了我的身体里,就像是迎面遇到了亲切的人,我会下意识地微笑。当我把愉悦的心情落在线条和色彩上的时候,便会画出一个个可爱的图形。

自由的活动让人欢畅,而欢畅的感觉也促使人们更好地去感受春天的气息,让它更加富于生机。即便在随后的日子里,春天的色泽会褪去乃至消逝,但是,伴随着春的气息勃发的对于生命力的渴望,却会渗透在我的气血中。

如同汉画像石刻中的春耕场景,留给人的便是生机蓬勃的感觉。让看到它的人,即便跨越了两千余年,依然可以感受到其中蕴含的春天的风

第一章 气韵生动之美

四川德阳出土汉画像石 播种图

息。看那些线条,像是被赋予了生命一般,张开了臂膀,召唤大地上的诸物醒来。看树木的根须,从土壤中深深汲取了力量,脚踏实地,伸展出活泼泼的枝条、喜洋洋的芽。

透过画面,我们可以想象,大地沉浸在孕育的喜悦之中,带着全心全意的渴望,督促着种子生发,凭着自己的天性,生出根来,像脚后跟一样倔强;直起身来,像小腿肚一样有力;推开岩石粗糙的沉重,安顿横竖折反的彷徨,长出可能的东西,世代绵延。看那些生长在这一方土地上的人们,他们正和这春天的植物一道滋生繁荣,挥起锄头,将自己对食物的渴望,释放在每一次与大地的接触之中,牵引出人与泥土最原始的链接,艰辛伴着幸福,一道生长。就像是自己也变成了大自然的一部分,洋溢着无言的喜悦,嗅出春天的风沾满了泥土的芬芳,凝聚成一团充满生命的力量,颤抖、闪光、绽放、发香,就像是——春树上的花朵。

二、与自然万物一道起舞

如果一个人为周遭环境的氛围所感染,最直观的表现便是他的情态、面部表情,乃至身姿动作会不由自主地发生变化,而这种外表与行为的变化是周围的人都能识别到的,甚至跨越物种也可以被识别到。比如,看鱼儿在莲叶间穿梭往来,轻盈游动,我们能够感觉到它们的从容自在。当代的神经生物学研究也发现,当动物无目的地以高出自己通常的节奏运动的时候,的确是因为它感觉到了快乐。

我想,如果以此类推,一株植物按照自身的趋势生长,也应该是它最快乐的时候。看大树,从土地里生长出来,向往着蓝色的天空,努力地、倔强地往上探索;看小草,匍匐在地上,肆意地向四周蔓延,它要占领更大的面积,接受阳光的照射。

伟大的画家往往会被这样的情境所感动,心追手摹,让那自然的生命透过自己的画笔活跃起来,化身为热情的笔触,恣意铺陈。就像我们在画家梵·高(Van Gogh)的绘画中看到的,他会用向四周伸展的线条画小草,努力地显示出它们旺盛的生命力;他会用柔和的伸向远方的线条画麦浪,表现出它们在微风抚摸下舒畅的情态。而那盛夏的花朵,星星点点地闪烁在绿色的草地上,因为在盛夏的时节,花儿是一定要绽放的,它不会像大树那样努力地去够它够不到的天空,也不会像小草那样匍匐在地上,吸纳大地的营养,花只想在草地上,静静地、一点一点地显现出自己的美,成片地绽放。

面对自然,如果我们不仅仅满足于袖手旁观,而是能唤起自我的情感经验,与自然同频共振,便能体会到自然生命的活力,看到独特的春天、

第一章 气韵生动之美

梵·高
《圣保罗医院花园里的草地》

非凡的生命。看春天里的桃和柳,一个向上生长,一个向下轻拂。虽然在春天的时候,梨花开,杏花开,海棠花也开,但是桃花开得却不一样,它开得更倔强、更热烈,凭着自己的意志,努力地向着春天索取能量。而那柳树的枝条刚刚发芽,清风摇曳,划出温柔的线,当我的眼睛顺着它们的线条一道跃动摇摆的时候,自身也似乎随之欢腾起来,不由自主地起舞,就像是被自然的频率振动了一般,自由振荡出朝气蓬勃的气息。顺着柳枝的动作,柔软地摇动胳膊;模仿桃树的姿态,摆出倔强的姿势;看着热闹的桃花,绽放笑脸,凭借自己的动觉,体会大自然生命勃发的美。

三、先要激活自身的感受力

从面对自然景色的欢愉到追问自身的感受，如果我们想要更充分地感知自己所处的世界，获得更为深刻的审美体验，就必须防止自己的审美判断被简化为感官的喜好，这需要我们调整自身的感受状态，更主动地去感知自然的运动变化。

在这方面，行动派绘画的代表艺术家杰克逊·波洛克（Jackson Pollock）进行了卓有成效的尝试。他的画就像是从自然中生长出来的植物一样，一开始的时候，并不知道自己要长成什么样，只是按照自己的感觉去运动。他把画布铺在地板上，好让自己感觉更自在，更贴近自然，就像真的进入了画里面一样，把颜料滴滴答答地直接洒在画布上，这样，泼洒

第一章 气韵生动之美

的颜料就像是有生命的植物一样，从一些点延伸出线、铺成面，越来越多，最终占据整个画面的空间。

观察波洛克的绘画过程，给我们的感觉就像是从一片混沌中逐渐发现了光。自由的绘画行为让画家非常轻易地进入画面，就像是儿时的涂鸦一样，当我们想从中寻到快乐时，唯一可以依赖的只有自己身体的动觉，还有逐渐明确的自我意识，自我的意向明确了，画也就成了。

将涂抹泼洒颜料的动作与自身运动的感觉关联起来，线条、图形、色彩便有了意义。画家可以借助它们来表达自己的情感，比如通过自由有力的线条表达自己冲动的感觉，或者用鲜艳明亮的色彩表现自己愉悦的体验，这样的表达有时候非常直观，就像我们看到某个数学题上有个红色的叉号，或者看到某种食物不耐烦地摆手一样，意思不言自明。

这种基于身体动觉体验的判断，不会因为时代和地域的差别而有所遗失。看未来主义画家波丘尼（Umberto Boccioni）的绘画，即便时过境迁，我们依然能够感受到其中充满了强烈的速度感。野马在城市中奔腾，火车的轰鸣伴着狂欢的人群，响彻整个画面的空间。他将自己激烈的动觉经验抒发在了画面上，跳动的色点、运动的线条、重复的图形，这些绘画元素争先恐后奔到了画面上，好像在呐喊："我要这样动，我要那样动，我要非常强烈地运动。"画家似乎在用他的整个身体绘画，胳膊在画面中挥舞，连续地挥舞，要把全部的激情都甩到画面上。于是，一种激烈的气氛呈现了出来，就像是一群情绪高涨的工人在对着工业文明的光唱赞歌。看着这样的画面，我们的眼睛会不自觉地向左上方冲，那些圆弧线和直线，把动荡的感觉表现得淋漓尽致，而对角线的构图加强了这种趋势，让运动能量释放得更加激烈。我想，只有极具热情的人，才能画出这样"乱

波丘尼《城市的兴起》

"哄哄"的画,因为他有胆量在画面上狂跑,在画面上跳舞。他的内心一定激动得不得了,嘴里喊着"冲啊!",然后挥舞着胳膊,留下自己冲锋的痕迹。

热烈的情感会引发激烈的运动,而最激烈的运动也是最热烈的情感表达。当绘画艺术着力于表现运动的时候,沉淀在我们每个人生命体验中的运动气质便显现了出来。

四、被动地感受不如主动地模拟

中国史前的彩陶文化中有很多蛙纹,典型的有两种,一种是圆形的,一种是折线形的。同一种动物的图腾呈现两种截然不同的形态,我们不禁

第一章 气韵生动之美

上图
仰韶文化 姜寨遗址
鱼蛙纹彩陶盆纹饰

下图
马家窑文化 马厂类型蛙纹彩陶壶纹饰

要问,原始先民们从蛙的身上感知到了什么,才会创造出这样的图式?是不是因为蛙的出现总与泥土松动、生命焕发有关,还是因为看到了静止的蛙形体饱满,像是童话版的母神一般,饱含孕育的能量?

仰韶文化中的蛙纹,庞大的身躯,圆滚滚的腹部,似乎正在孕育健康的生命。而马家窑文化中的蛙纹,四肢发达,形态健硕,强劲的折线恰似蛙的运动轨迹,往来迅捷,昭示着一种超自然的力量,可以呼风唤雨,引来雷电交加。原始先民们视蛙为母,视蛙为神,无论是浑圆的蛙纹,还是折线的蛙纹,都是先民对美好生命状态的想象,是基于自身动觉体验的表达,是感受到自然中蕴含的生生不息的力量,而将自己对生命力的祈盼,投射在了蛙纹的创作中。

面对自然，不同的感受与行为催生出不同的审美意向。原始艺术中显现的运动节奏，是隐藏着的解读密码，虽然是感觉层面的，但是如果我们能够带着自身的动觉去感受，便可以真切地感知先民独特的气质特征。

比如，中国传统装饰纹样多用曲线，著名的唐代卷草纹，以自由延伸的线条为美，将花、花苞、枝叶、藤蔓组合在一起，形成富丽缠绵的装饰纹样。而唐卷草的曲线是从六朝时期流行的忍冬纹传承下来的。忍冬花凌冬不凋，长瓣垂须，黄白相半，自打东汉末年起，人们便拿它来做纹样，寓意着生命的长久与繁荣。而这种以曲线为美的纹样向上可以追溯到汉代的云气纹、卷云纹，乃至更久远的彩陶中的螺旋纹。可以说，对曲线美的欣赏是中国传统审美的重要表征之一。但是，曲线的纹样在古代埃及则是被禁止使用的，因为古埃及人认为曲线的纹样违反了自然的秩序，是不合理的东西。至于美索不达米亚的艺术，则更善于使用规则的波浪线和几何形构造严格的图案。

对不同类型的线条、图形的审美，源于不同的自然感受与行为习惯，同时也造就了不一样的视觉文化气质。当我们欣赏中国传统装饰纹样的时候，其中蕴含的自由延伸的曲线，即便不被明确地画成藤蔓或云气的样子，依然可以唤起我们自身舒展的感觉。这样的感觉不仅是我们从纹样里看到的，更是我们自身就具备的，舒展的美感就蕴含并显现在生命的感觉和行动中。当古代先民在墙壁、器物上，或者绢布上绘制出曲线，当一个工匠在粗糙的石头上雕刻出顺滑的弧线的时候，我想，他一定说不出原因，也不会刻意地思索如何去造作，而是听从了自身动觉的感受而已。

图 七盘舞　沂南汉画像石刻百戏

第一章　气韵生动之美

五、看气韵如何在艺术形象中显现

据说，在汉代的舞蹈艺术中，盘鼓舞最为优雅。舞者将盘、鼓覆置于地上，高纵轻蹑，或踩鼓下腰，或按鼓倒立，或俯身鼓面，或纵身鼓上，有节奏地在盘鼓上踏出声响，要求"鼓震动而不乱，足相续而不并"。魏晋文人卞兰这样描写七盘舞的表演："兴七盘之递奏，观轻捷之溯翔，或迟或速，乍止乍旋，似飞兔之迅疾，若翔龙之游天。"可见舞者身姿矫健，气势如虹。

看山东沂南汉画像石刻中的"七盘舞"，舞者长袖飘扬，若奔若翔。他似乎是刚从盘鼓上纵身跃下，拉开了架势，准备再次挺身跃舞。你看他右腿登弓，左腿撑直，足踏鼓盘，面前七盘铺陈，正待他踏节蹈拍，俯仰往来。他左臂内旋，将衣袖收起，连续的螺旋形弧线好似疾驰的车轮；腾然转身，好似惊龙回首，右臂的衣袖随着运动的方向腾空而起，划出饱满的弧线。在这一收一放的刹那间，尽显力量之美。我们可以想象，在下一个刹那，表演者将回身再舞，急拍迫节，如生出羽翼般悠然往返，如飞

013

蛾赴火般浮腾高纵。正所谓：委蛇姌裊，云转飘忽。体如游龙，袖如素霓。一幅令人艳羡的健美模样跃然纸上。宗白华先生说："中国画像一种舞蹈，笔墨的浓淡，点线的交错，明暗虚实的互映，形体气势的开合，谱成一幅如音乐如舞蹈的图案。"当舞动的姿态被如此生动地表现出来的时候，观看者的神经似乎也被激活了，感受到了生命鲜活的美。

再看沂南汉画像石刻中"伐鼓"的形象，它被绘制于墓室中，深埋于地下两千余年，但是依旧足以唤起人们对绽放之美的体验。伐鼓活动源于

先民对日食现象的恐惧。先民认为，日食的发生是因为怪兽在侵吞太阳，所以要用敲锣打鼓的方式来吓退怪兽，即所谓的"伐鼓救日"。后来，"伐鼓"逐渐演变成一种关乎国泰民安的礼仪，象征着"责阴助阳"，禳除灾祸。

我们看到画面中的伐鼓舞者神情激昂，他仰头而立，甩开臂，扭动腰，左右开弓，奋力击鼓，身上的衣纹似乎也一起跟着鼓点跃动，铿锵有力地排列出有序的节奏。当"伐鼓救日"的意图不再是驱赶怪兽，人们不用担心击鼓的功效的时候，便可专注地欣赏表演者朝气蓬勃的姿态和那令人精神振奋的力量感，有闲暇关注鼓的装饰纹样。烟花绽放般的纹样就像是猛然敲击巨石而火星四溅一样，长长短短的点和线、大大小小的方和圆，伴着音律，与渐次激昂的鼓点，优美地串联在一起，繁复而富于变化。甚至可以就此去遐想，那只装饰在鼓的上部振翅欲飞的鸟，可以作为光明与警醒的象征。

六、通过运动的线条辨识美的意蕴

当画家将自己表达的意向落实在运动上，那么，我们即便是面对静止的画面，亦可领略到画中人物鲜活的生命气息。

这种以动为美的艺术观念，让我联想到山西稷益庙壁画上奔跑的人。他脚下生了风，风风火火的样子，好像带动了画面满壁的风动。风，好像有一种神奇的力量，可以带走身体的重量，驱动肌肉运动，让血液奔涌；可以搅动大地的气流，督促植物快长，让枝条蔓延；可以传递四季更迭的消息，召唤出万物对天意的绝对忠诚。我们不知道画中奔跑者是风的

右图 波提切利《春》（局部）

左图 运城稷益庙壁画（局部）

信使，还是仙界的神行太保，或是刚从战场上归来报捷的、八百里加急的传令兵？看他的节奏、他的气韵、他的影踪，一定是借了风的神力，才有如此步履嘶鸣的气势，如风声贯耳，迅疾而至。即使看不到他的骨骼强健和肌肉颤动，单是满壁风动的线条忽倏变化，就足以唤起我们激动的心情，好像听到了持续不断的风声，风驰云卷的线条毫无阻碍地进入心灵。于是，心思也不由得循着那线条的力道激动起来。仿若撩拨到了运动的神经，融化开了凝滞的血液，一股奔跑的冲动悄然袭来。

如果说生命的气质在运动中彰显，那么静的姿势中也蕴含着动的气息。看15世纪末佛罗伦萨画家波提切利绘制的《春》，其中的美惠三女神，隐喻着光辉、激励和欢乐。她们是美神的随从，也可以被看作美的化

身，散发着让人无法割舍的光华。柏拉图说："美惠三女神在寻找一座永不坍塌的神庙，她们在阿里斯托芬的心灵中找到了它。"阿里斯托芬是古希腊的喜剧作家，为什么柏拉图说，美惠的"神庙"藏在阿里斯托芬的心灵中呢？他是不是想要告诉世人，只有充满愉悦感的心灵，才能发现美惠的真谛？

我们不妨像喜剧演员一样模拟一下女神们的动作，摆出充满愉悦感的姿态，看看身体会有什么样的感觉。左手叉腰，右手托举的动作是不是有激励的情感要表达？双手举高，从上而下做出泼洒动作，会不会是一种自信光辉的表现？双臂甩开，扭动腰身摆出S形的曲线，左右扭摆一下，会不会体验到欢乐的感觉？当我们愿意像喜剧演员一样，分别模仿一下美惠三女神的动作，美惠的精神便会无遮蔽地显现出来，愉悦的美感便不再是遥远的神明，而变成可知可感的精灵。于是，当艺术家将自己的动觉美感表现在作品中的时候，作为观看者的我们也可以通过调整自身的动觉去感受，去领会其中的意蕴。

七、看"离披点画"皆有意

"离披点画"的画法是吴道子的独创。有人问吴道子："你的绘画为何如有神助？"吴道子回答："众皆密于盼际，我则离披其点画。"意思是说，别人画画都规规矩矩的，一根线接着一根线，生怕连接不上，而我却是笔画离披，所以画得快。

其实，"离披点画"这四个字，每个字都可以看作是线描的一种手法。离披，是指手腕跟纸距离忽近忽远；点画，则是强调绘画的节奏有快慢变化，时常留出飞白，这样的画法或失于严谨，但是让笔画有了松紧，线条有了活力。

以"离披点画"之法看河南南阳汉画像砖上的这匹马，会不会感觉陡然见新意了呢？画家将欢愉藏在它的四条腿里，粗简的线条，上挑下披，高高低低，错落有致，就像踏出了轻松的乐章一般，给人以充分自由的动觉体验。你看它此刻步履轻盈，神态欢愉，活脱脱的一匹自由的马，似乎刚刚踏过尘嚣繁杂的俗世，卸下了绳索的束缚，正蹦蹦跳跳地一路小跑，奔向马厩或者草甸，去觅一处安稳之所，洗去一路风尘。看到了这样的马，你一定会会心一笑，心情也会随着它屁颠屁颠的节奏舒缓下来，感受到其中蕴含的蓬勃的生命意象和自由洒脱的文化气质。

吴冠中画的春天，同样使用了"离披点画"之法，画面中有春风划过的线条，有春雨滴落的痕迹，还有燕子在其间穿梭留下的轨迹，以及桃花瓣、嫩绿叶生长飘落的点画。当我们的眼睛顺着画面的线条游走，随着点

南宋 鲁宗贵《鹅图》

滴的色彩跃动的时候，虽然看不到具体的形象，但是我们留在春天里的动觉经验被唤醒了，不由得随之起舞，体会到身体的畅快，感受到春天缤纷的气息，于是，我们的心连带这悠扬的感觉一起欢愉了起来。

沉浸在这欢愉的气氛中，耳畔突然响起那首久违了的唐诗："鹅，鹅，鹅，曲项向天歌。白毛浮绿水，红掌拨清波。"随着吟诵声的渐趋激扬，我的身体也动了起来，上扬的曲线，挥舞的弧线，点画离披，水波粼粼。原来诗人寓于其中的欢乐，需要用整个身体和全副的感动去体会。

八、基于自己的生命体验去审美

范宽的《溪山行旅图》给人的直观感觉似一道巨嶂矗立，崖壁阴郁，苍穹肃穆，宇宙涌起。

心灵的意象不由得随着宏大的山水延展开，看那山压下去，压得很深，陡然高矗，它神圣的体内容不得虚空混杂。巨石皴峭，浓墨叠落，物质从未比此时挤得更紧，意识从未比此刻攥得更坚硬，它凝聚成教导世人的大块垒，逼迫着，逼迫着世人呐喊："天下如此局促，生命的良知该寄居何处？"

气围着山，山圈着气，聚合起来，用最不矫揉的姿态，彼此相依，亿万年过去了，它们从未改变。瀑布如隙，通过漫长的流光，冲泄下来，长长地拉成一条白线，使情感激越，使思潮汹涌。

生命矗立，天宇庄严。

雾，匍匐着，在山的深处呢喃。它从山脚翻卷上来，飘过山谷，在柔软的草地上，傍着溪水潺湲。或许，它早已厌倦了山的亘久，只想安享此刻的悠然，穿过岩石的间隙，在人们看不见的地方聚散离合。天穹之下，万物何在？生命渺小，树石峥嵘，顶不住的风雨婆娑，沧桑浸染。看旅人的足迹沾满鲜露，脚步在丛林间徘徊，似乎是逃出宇宙牢狱的囚徒，躲藏在这里，慢悠悠地移动，裹挟着生死同行的悲歌，在大地上回荡。

一座桥，半隐寺，两个人，几头驴，线条勾勒，笔画参差，让人不禁感叹天地如此苍茫，宇宙原本寂寥。

宏伟壮阔的画面激起了内在的庄严感，让我们不禁抖擞精神，撑起筋骨，仰望天际，看那画的尽头不是世俗的苟且，而是恢宏的宇宙气象和蓬

第一章 气韵生动之美

识美十法

左页
明 唐寅
《骑驴归思图》

勃的生命精神。

　　同样是竖幅的山水画，看唐伯虎的《骑驴归思图》，整体气息就显得逊色了许多。虽然画得很精致，但是却没有豪迈气，甚至谈不上潇洒，画中的山石是清俊的模样，却不挺拔，枝叶点画虽有青翠的颜色，却无生机。整幅画像是巧做的盆景一般，刻意铺陈，即便绘上山溪清流，瀑布飞溅，也不得流淌。那费心勾勒的山路崎岖，庭院幽深，只是一番园林的风味。好似落寞之人在借风流的做派逃避时事的不堪，隐退到这狭小的世界里，唏嘘感叹。

　　从画中题记我们也能管窥唐伯虎画此画时的心情，"乞求无得束书归，依旧骑驴向翠微。满面风霜尘土气，山妻相对有牛衣"。乞求无得，满面尘土，愧对山妻，哪一点也看不出丝毫的风流气。倒是诗中提到的牛衣，让我们管窥到他心有不甘的惆怅。牛衣的典故出自《汉书·王章传》，说汉朝人王章，家贫，以至于妻子只能以为牛御寒的麻草为衣，然而他发愤读书，终成一代名臣。唐伯虎以此言志，其功利之心可见一斑。以此功利心入画，画面自然显得局促不安。所以，唐伯虎的画没有北宋山水的气度，也缺乏元代山水的意境，剩下的只有矫饰着精致模样的世俗气。

小结

当我们基于自身的动觉经验观看艺术作品的时候，蕴含在其中的生命气息便会自然显现。所谓的气韵美并不是什么高妙的体验，它源于我们自身的运动经验，是伴随着我们的生命而来，又在我们的生命历程中自然积淀的东西。不需要抽象概括，更不需要拿来客观地考量，仅仅唤起我们自身的动觉感知就足够了。当我们将自己的生命经验投射到艺术作品之中，并得到呼应或者发现契合之处的时候，气韵之美也就自然而然地显现了。

第二章 身体力势之美

我用行动为你描述我的气度，
亦如山峦用它的姿态解释能量如何聚集。

中国神话有盘古开天辟地的故事，盘古生在天地混沌状态，混沌像一个巨大的"蛋"紧紧包裹着他。于是，他努力长大，经过一万八千多年的努力，盘古长成一个巨人。但是，他的身体长高一尺，包裹他的"蛋"就随之增多一尺，他的身体长高一丈，包裹他的"蛋"也随之增多一丈。他始终被混沌包裹着，于是，他用神斧辟开了混沌。清气上升，浊气下沉，成为天空，成为大地。有了天地，山便有了高度，水便有了深度，混沌便有了被感知的温度。

在人类发展的过程中，身体的直立具有非凡的意义，远古的先民以神话隐喻其意，如开天辟地一般，人类就此摆脱了俯首观看大地的状态，可以仰望天空，凭借身体对自然展开探索，延展出了人与自然休戚与共的关系的各种想象。

我们在自然中直接感知到的美，大都是依赖于身体作用于世界而获得的经验，诸如平衡、和谐、柔美、壮美、多样性、整体感等，甚至我们很多的情感，诸如积极、热情、勇敢或爱恋等都是基于身体经验而显现出来的。可以说，身体作为人与世界链接的纽带，为人类提供了理解自然现象、解释宇宙之理的最基本的依据。

一、更深刻的美感源于触觉

在日常生活中，触觉与现实的联系最为紧密。大家都有这样的经验，在一些旅游景点，外形圆润的石雕经常被摸得溜光水滑。即便雕刻的是狮子、老虎之类的凶猛动物，只要外形是圆润的，我们都会情不自禁地去触摸。同样，遇到亲戚家可爱的小朋友，我们会抱一抱，或者摸一摸他的头。去超市购物，遇到自己喜欢的商品，我们也会下意识地触摸一下，即使商品的效能与触感无关，但是不经意间的触摸动作会将我们的心意表露无遗。如果说一个人的视觉决定什么样的事物可以被看到的话，那么，触觉让人获得的是实实在在的存在感。

在人类与大自然建立连接的各种官能中，触觉是个体经验的主要来源之一，也是一个人发育最早的官能之一。在人类的婴幼儿时期，口舌、面部乃至全身都会参与到触觉的体验中。而以粗细、软硬、滑涩、冷暖、强弱等基本的触感为主的身体感觉，在引发特定的肌肉运动与神经反应的同时，也伴随着深度的感受、思维和心理活动，构成了我们理解周围世界的基础。

传统中国画中有一种直接用手指蘸水墨或颜料作画的形式，被称为"指画"。画家以手指的触觉作为调节墨色的依据，通过手指的滑动、按压、抚摸、跳动，在纸面上留下轻重缓急的痕迹。如同山水画中的皴法或者油画中的笔触一样，手指让画家可以充分地表达自身的触觉感受，跟着

南宋 李唐
《秋景山水图》

枝条轻盈地生长，随着水流丝滑地流淌，碰到岩石强有力的按压，在心追手摹的过程中，皮肤、肌肉、骨骼、关节的力度感落实为画面的点画和线条，呈现在我们视觉中的那些墨点线条，与其说是画家技巧的呈现，不如说是其生命力的印记，通过表现触觉的经验，将自身对于生命力的感受抒发了出来。

南宋 李唐《秋景山水图》（局部）

可以说，识得绘画中的触觉表达，是欣赏中国传统山水画的关键所在。因为在画家的眼里，笔就是手的延伸，一笔一画，勾勒皴擦的墨迹本身就是画家独特的触觉经验的显现。看宋代画家李唐的《秋景山水图》，画中的树木枝干参差错落，当我们的眼睛顺着那点点画画的力道游走的时候，可以想象得出画家绘画时行笔运腕的动作，时而弹跳轻灵，线条飞舞悠扬；时而沉着端庄，点画藏锋正直；时而侧锋顺势，笔画倾斜多姿；时而转折迅速，形态透彻有力。手部肌肉运动与神经反应或重或轻，每一笔都倾注着画家对于生命力的感受，每一画都承载着画家自我意志的抒发，每一点墨迹都是画家个性气质的表征。在中国古代画论中，这种将身体的触觉转化为力度，倾注于笔意的用笔之法称为"骨法"，所谓传统绘画的笔墨精神，便是建立在"骨法"基础之上的。

二、画画之前，先感受一下自己的手

对于画家来说，手既是自我意志的执行者，也是自然生命之美的体现者。当画家画手的时候，手不仅仅是身体的一部分，一个可以被观察、被

第二章 身体力势之美

右图 敦煌莫高窟 112 窟 壁画（局部）
左图 敦煌莫高窟 112 窟 壁画（局部）

审视的对象，更是一个正在创造着美的工具。

或许，正是因为手在画手时处于这样一种非常特殊的存在状态中，所以俗话有"画人难画手"之说。如果仅仅"以形似"论之，比照着现实的手刻意描画的话，骨骼结构准确了，手的美感反而会弱。

让我们安安静静地凝视，感受自己的手，手上有骨骼有肌肉，也有弹力有韧劲，它在表达它的柔软顺畅，富于弹性，也在凸显它的强健有力，它似乎在述说："我是柔软轻盈的，有力的，我是富于变化的……"像雨润过的花瓣，像破土而出的笋尖，像有法力的金刚杵……当我们顺着手的意趣思量的时候，手便从操劳的工具状态中挣脱出来，显现出自身的美。

所以，中国古代的画家们在画"手"的时候，从来不敢怠慢，就像有经验的老中医希望通过手的气色、形态，窥见人整体的健康状况一样，他们谨慎而专注，竭尽所能地体会手的整体气色和些微变化，以此揭示

人物的气质特征,让观众可以透过人物手部的线条,窥见艺术造型整体的风貌。

因此,在中国传统绘画中,画家对手的表现从来不拘泥于具体的骨骼结构,而是更强调表现手的情态,重视力度和韵味的抒写,他们善于调动各种具有象征性的意象来比喻手的气韵,像兰花一般轻盈,像流水一般柔顺,像笋尖一般富于生机,以此来增强其审美的内涵,乃至于将手视为表现人物气质的最形象、最生动的形式,表达自然蓬勃生命力的最有力的象征。

三、看不懂的话就联想一下身体经验

在美术史上,巴勃罗·毕加索(Pablo Picasso)喜欢画公牛,这是众人皆知的事情。其中一幅画得极其简洁,只有寥寥几根线,如果不是画家保留了一条用来标示牛角的弧线,我们几乎看不出他画的是公牛。据说,毕加索在画出这最后一幅公牛之前,已经画了十幅素描。从第一幅表现公牛强壮的形体和粗糙的皮毛,到最后一幅只剩下七八根线条勾勒的简单形状。

很多人认为这是画家对公牛的形体进行提炼概括的结果。但是,如果我们仔细观察一下这十一幅图画,前后做一个比较就会发现,它所呈现的并不是一个视觉简化的过程,而是一个从视觉经验向身体经验转换的过程。在最初的几幅画中,公牛的形体结构被画得非常明确,画家似乎在不遗余力地描述自己对于公牛的视觉经验,它是强壮的、粗糙的,充满了力量。但是,片刻之后,画家开始犹豫,他发现自己即便极尽所能地夸张公牛看上

毕加索《公牛》

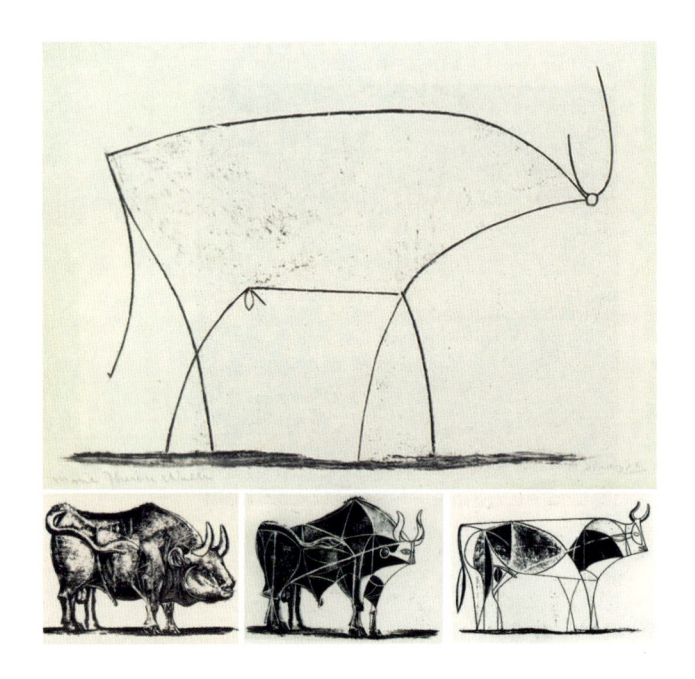

去的模样，却无论如何也表现不出公牛的庞大，表现不出它的庄严和气概。

于是，他闭上了朝向现实的眼睛，调动身体的知觉经验，开始想象，想象如果自己是一个没有见过公牛的盲人，触摸到公牛的时候会有什么样的感觉。顺着公牛的脊背抚摸过去，感觉好庞大啊，它是坚硬的，如巨石般岿然不动。这时候，牛头的大小、肌肉的形状、骨骼的结构，甚至皮毛的肌理都不再是需要被关注的对象，画面上留下的只有几条简单的线条，记录着画家在想象公牛的过程中，自身关于庞大、力度及气势的感觉经验。

或许毕加索一边画，一边在嘲笑，眼睛是一个愚蠢的器官，它看得见公牛的"形"，却看不见公牛的"神"。只有把那些充斥在视觉经验

马列维奇《白底上的黑色方块》

的表象，那些肌肉、骨骼、皮毛等等都搁置在一边，带着自己身体的知觉经验去感受，关乎生命精神的东西才会出来显现。西班牙诗人拉法埃尔·阿尔维蒂（Rafael Alberti）说："毕加索使世界大吃一惊，他把世界翻了个身，并赋予它新的眼睛。"我想，这只新的眼睛观照的并不是视觉经验，而是身体的知觉经验。

在美术史上，同样让人难以理解的，还有卡西米尔·塞文洛维奇·马列维奇（Kazimir Severinovich Malevich）的作品《白底上的黑色方块》。这幅画除了白底上有一个黑色的方块以外，没有任何值得观看的或者可以被描述的东西，即便不说它是空无一物，也只能说仅仅是有一个方块。不过，如果我们将自己的身体经验带入其中，画中所呈现的方形就不再是一个空洞的方形，而显现出丰富的意义。比如感觉它是封闭的、坚实的、压抑的，乃至知觉到冷酷、孤寂、恒久等抽象的精神意味。

正如马列维奇自己所说：看到这样的黑方块，就像是一个长时间待在沙漠里的人，面对生命消逝时的感觉一样，他除了自身以外，什么都察觉不到，它让人感受到了夜，感觉到了方块内部深处的坚实。除此之外，只有无尽的白,"方块等于感觉,白色等于感觉以外的空无。我们所爱的一切都不见了。我们在一片沙漠里……在我们面前除了白底上的一个黑方块以外,什么都没有!"

当身体的知觉经验被唤醒,我们面对自然现象或艺术作品的时候,就不会再被感官的表象所迷惑,也不会被主观的猜想所困扰,因为无论艺术家的想象多么非凡,自然的现象多么神奇,在自然生物学的层面,我们大家都拥有相似的、具有生命感的机体,面对相似的情境时,彼此的感觉是相通的。如同猎人看到了雪地上的血迹或者野兽的足迹,无须再开口说话一般,在一个人从外界获取信息的过程中,身体的知觉经验就像是感光芯片一样,可以迅速地领悟而不需要过多地思量。

四、在简单的几何形中看画家的立场

在历史人物中,刺杀秦王的荆轲不畏生死,算是刚强至极了。我们看汉画像石刻中的荆轲造型,整体呈现为一个"大"字形,如惊雷一般,双

嘉祥武梁祠汉画像
石 荆轲刺秦王

臂张开，头发横直，显现出情绪极度爆破的状态，即便有士兵将他拦腰抱住，也阻止不了他释放激越的力量。画面上，荆轲居左，秦王在右，秦王惊惧，起身逃遁，迎面碰到护驾的侍卫，惊慌失措间，整个姿态呈现为钝角三角形，逃跑的趋势明显。画面中间的立柱上，那把决定成败的匕首，赫然在目。立柱的下方，有一个正方的匣子，敞开着，里面装着秦将樊於期的人头，虽仅仅露出仰天的面目，但正方形的刚正之态，凸显出他的勇烈。而秦舞阳呢，此刻，已经被吓破了胆，仰面朝天地倒在地上，滑稽得像一个不倒翁，月牙形的轮廓，让所有的人都看透了他外强中干的本质。整

幅构图采用了倒三角的形制，给人以动荡不安的感觉。这样的图景仿佛是历史的情境瞬间再现一般，每一个人物都在这惊心动魄的刹那间，显现着自己，成就着自己。忠烈者、勇武者、懦弱者、权谋者、牺牲者，一个个鲜活的形象，此刻，又跃动在了历史的长河中。

画家之所以可以借这些几何形来表现人物的性格，根本原因在于图形可以唤起人们身体的感觉经验。几何形在引起我们关于站着、坐着、走着等最简单的动作联想的同时，也唤起了我们关于重量、速度、方向等原初的身体经验，由此，便可以通过自身的感受去猜测画中人物的性格。

比如，我们看林风眠的京剧人物画，其中的几何形便极其充分地表现出了人物的气质特征。在这幅名为《霸王别姬》的作品中，武将造型以硬朗的三角形为主，人物形象被简化为菱形和三角形的组合，结合左右对峙的构图，将武将的勇悍英烈表现得清晰明了，给人以锋芒毕露、威武的感觉，同时，倒三角形的不稳定性似乎也在暗示，他的霸业即将崩塌；右面的虞姬形象则是曲线与直线的结合，表现出了她柔中带刚的性格，曲线描绘的纱裙，就像她的柔情一般连绵不绝，红色的棱角和清晰的直线，则在表现她柔中带刚的性格。

当人物形象被概括为几何形的时候，它所蕴含的刚柔、强弱、轻重、动静等知觉经验，使得观众可以自然而然地从自身的生命经验中汲取营养，展开遐想，不由自主地把自己对几何形的感觉经验带到了作品的赏析中。

五、在身体姿势的模仿中让美感显现

假如让你扮演一棵树，你会扮演什么树呢？会选择松树，还是柳树？松树给人的感觉强壮而严肃，有用、持久、坚实，屹立于重峦叠嶂之间。柳树给人的感觉温婉而快乐，在溪流湖畔随风起舞，引来蝴蝶和鸟儿嬉闹玩耍。无论怎么选择，在我们做出选择的一刹那，依据的显然是自己身体的知觉，而不是关于松树或者柳树的知识概念。

看南宋画家梁楷的《观瀑图》，画中人仰望飞瀑的姿态，好似在模仿飞流直下的瀑布的气势。仰望的动作本身就会带来激越感。当一个人抬头仰望，顺着高山的气势看到天上的云朵和飞鸟的时候，仰视的动作会唤起一种崇高的美感体验，心里自然就有了挺拔的审美意象。这是一个带着自身的感觉主动体验的过程，依靠的是最基本的身体知觉，捕捉到了自然事物独特的姿态。因为身体的姿态本身具有某种转化心灵的能量，能够将客观事物的圆滑、挺拔、纤

洛阳汉画像砖 奔马

第二章 身体力势之美

细、粗壮等我们体验到的自然属性转化为某种精神的意象,诸如坚强、温柔、勇气等。于是,类似激昂与消沉、豪迈与温柔之类的个性气质之美,变成了可以被直观的内容。

比如,我们看汉代画像砖上的这匹马,从外形上看,它瘦骨锋棱,筋骨强健,双耳如批竹,足蹄能削玉,俨然一副气宇轩昂的模样,脊背上有连钱的图案,标识出它并非凡马的身份。如果我们带着自身的动作经验去体会,就会感觉到它的两只前足拒力而立,坚强有力,一只像楔子一样杵向地面,另一只收起成饱满的弧形,像被收紧的钢筋,随时准备弹出。昂首嘶鸣之间,腰背与腹部的两条线,直直地向右下方延伸,带着一股巨大的惯力揳入地面,在蹄足处戛然而止。而脖颈处的两条弧线,似乎是这惯力被阻止后的跃起,引颈而鸣。寥寥数笔,将朔风万里的气势表现得淋漓尽致,给人以"长安壮儿不敢骑"的感觉。

如果没有身体经验的参与，我们很难想象一个人如何理解刚强，或者如何理解温柔。所以，如果想对自然有更深切的感受，那就以亲身模拟的方式，带着感同身受的关切，朝向自己所处的世界，朝向身边的一花一草、一山一水，当我们对自身的感受有了切实的观照，自然生命的气息也会随之显现。

六、基于体态推理图形的意旨

据说画家吴昌硕在教学中，曾经教给学生们一个构图技法，就是拿指甲从宣纸的左下角到右上角轻轻地划一道痕迹，称为"龙脉"，说顺着这条"龙脉"构图，画面就会显得有活力。

我们观察一下吴昌硕的绘画，确实如此，他的绘画构图大都是趋向右上方的。比如这一组《花卉四条屏》，虽然每一幅所表现的花卉品类不同，姿态各异，但是整体上都有一种向右上方延伸的趋势。当观众的视线随着视角逐步抬升的时候，便会有一种生机蓬勃的感觉。因为身体的姿态会影响人的情感体验，朝向右上方，有前进的感觉，会引发积极的思想；相反，如果朝向左边或者左下方，会有倒退的感觉，产生消极的情绪。

画家在构图的时候也会考虑身体的感觉，让画面整体从左向右倾，来强化情绪激动的效果；相反，如果是从右向左倾，则是为了渲染退却或逃避的心理效果，正如人们在社会生活中，会用左倾或右倾来区分思想的进步与否一样。比如董希文的作品《开国大典》，整个画面的构图呈现向右上方运动的趋势，给人以情绪高昂的感觉。相反，如果一幅风景画，月光挂在左边天空上，那么自然会有一种宁静的回归自身的感觉。

第二章
身体力势之美

晚清民国 吴昌硕
《花卉四条屏》

事实上，最简单的线条和图形往往能唤起观者最深刻的情感体验，看法国画家高更的这幅名为《布列塔尼的海湾》的作品，画中贴近处的峭崖，倔强地向左上方挺进，似乎在以极其强烈的姿态，指示一个回归的方向。自峭崖俯瞰，是海湾、礁石、沙滩，海岸在此回转。峭崖、海岸，一刚一柔两条线，随着意志的方向崛起，又伴着海风的力道回还，给人感觉，仿佛一种豪迈的气息在拨动观者的心弦，无声无息地扯出苍茫的气韵。画家用有力的粗线勾勒画面的主体部分，将近与远、陡与平的关系，叠置在图案般的画面里，让人感受到一种坚强的气质。事实上，高更正是

在布列塔尼踏上回归原始的旅途。

虽然要远离巴黎的艺术中心，但是在他心里却并没有想逃避。他在以朝向原始艺术的方式，拯救自己，拯救欧洲。他宣称："一个意志坚强的人，只要踏上远东的土地，就能力量倍增。一两年之后，他返回时就会成为一个新人。"画面上那根倔强的黑色直线和迂回延展的海岸线，或许就象征着他回归原始的方向，以及返回时成为一个新人的路径。

七、借身体姿势揭示艺术形象的气质

说到柔中带刚的人物造型，最具代表性的是传统京剧中的刀马旦形象。刀马旦是京剧中的角色名称，是扮演能文能武、智勇双全的女性角色的行当，融合了青衣、花旦与武旦的表演技法，表演刚柔相济，兼具柔美的韵律感与壮美的力量感。

传统京剧《扈家庄》中的扈三娘便是典型的刀马旦角色，扈三娘绰号"一丈青"，"青"是一种漂亮的蓝色，隐喻她的清纯可爱，而"丈"则指她有丈夫气概，"一丈青"的绰号，意指她刚柔兼备的气质。明代画家陈洪绶所绘《水浒叶子》中的扈三娘，外形像玉兰的花蕾，莲花的花瓣，显现出轻盈而挺拔的气质，裙摆的线条呈平行排列，仔细品味，感觉似弯刀，像牛角，凸显出她柔中带刚的风貌。看她的装扮，身披薄纱，长裙及地，宽大的裙幅透迤身后，腰束织锦腰带，裙边系宫绦，两端悬玉佩，给人以彩绣辉煌的感觉，尽显女性之美。然而，画家勾勒这些线条，却使用了折芦描的笔法，似岩石般顿挫有力。于是，在这亦刚亦柔的线形中，人物的优美感自然地显现了出来。

简单的线条之所以有如此丰富的表现力，是因为线条在表现人物的同时，也倾注着画家的意向。而当我们带着自身的感觉经验去感受画中线条的力度和方向的时候，画家藏在画面中的密码也就自然而然地被解开了。

再比如《水浒叶子》中的宋江，打眼一看，他摆出的站姿有点像大刀关胜，紧腰提臀，站姿挺拔。在传统绘画中，这样的姿态是关公造型的标配，当然也是戏剧人物忠勇之将的典型姿态。想一想，宋江自诩好义，他摆出这样的站姿，也在情理之中。不过，从腰部往上看，感觉就有点变味了。看他胸部塌陷，肩背佝偻，完全没有忠义之士应该具备的气度，整个造型撅在前面的不是胸膛而是肚子，而且包裹肚子的绣袍上面的纹饰，不是关公服饰常用的海水江崖纹，也不是表现武将忠勇的猛兽纹样，而是拧成螺旋状的富贵牡丹。这让人不免联想，他是用梁山兄弟的性命换来的荣华富贵。再往上看，宋江的容貌，虽然如《水浒传》中所说，"眼如丹凤，眉似卧蚕。滴溜溜两耳悬珠，明皎皎双睛点漆"。但是，给我的感觉是他并不善良。特别是那眼睛，眼仁儿小，眼白大，虽似点漆一般明亮，却闪着狡黠之光。他的胡须没有像关公那样，轻抚于胸前，而是用三根手指攥着，显现出拿捏的姿态。另一只手的指头，指向前方，尖尖的，像一把匕首。如果说，身形站姿可以特意摆拍的话，这手部细微的动作却将他的伪善显现得淋漓尽致。画家甚至将他的衣纹也画作锯齿状的折线形，让大家知道这个人伪善而无情。看来画家早已看透了宋江所谓的"好义"，题记调侃曰：刀笔小吏尔乃好义。

第二章 身体力势之美

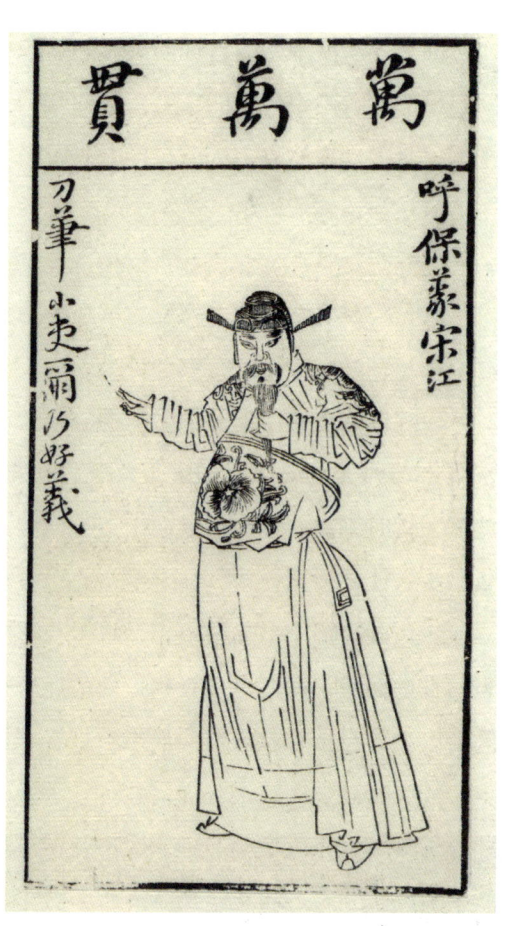

左图
明 陈洪绶
《水浒叶子》之扈三娘

右图
明 陈洪绶
《水浒叶子》之宋江

045

画家以图形来隐喻人性的善恶，这颇有点史学家之春秋笔法的风范，将自己的褒贬寓于曲折的文笔中。如此一来，历史或者戏剧人物的造像就不仅仅是描摹人物看上去的模样，其所采用的形式中更包含着画家自我意志的表达与情感的诉求。

八、看到了画中的力就看出了画中的意

敦煌壁画中有《鹿王本生》的故事，说九色鹿救了一个溺水之人，溺水之人却因为贪图国王的赏金，恩将仇报，带领国王的人马来捕捉九色鹿。关键时刻，九色鹿挺身而出，直面国王，揭露溺人的丑恶嘴脸，感化了国王，使之幡然悔悟。

古代画匠用图形化的语言，将善与恶的对立、美与丑的转化表现了出来。在画面中，我们可以看到，九色鹿所存在的世界是善的世界，它起居随意，动静自然，救人性命而不求报答。它从左上方缓步而至，表现山路

敦煌莫高窟第257窟
西壁《九色鹿经图》

第二章
身体力势之美

延伸的线条，像是一束光从左上角射进画面，衬托得九色鹿庄严而神圣。溺水之人长跪谢恩的情境被画家置于中心，周围是溺水之人呼救，九色鹿救人，以及九色鹿休憩的情境，整体构图形成一个椭圆的环形，气韵回环，自足圆满，隐喻着善的境界。

画幅的右边，表现的是溺水之人与国王及王后的世界，这是一个世俗的、欲望的世界，右端宫殿建筑的线条稍微倾斜，暗示着欲望的萌动，倾斜的角度逐渐变大，欲望开始加剧，强烈的动势如大厦倾倒。国王带着人马从北向南一路冲了过来，在遇见九色鹿的刹那间戛然而止。在他的面前，九色鹿庄严矗立，善与恶两种力量在此对峙、交锋，教人从善的图景跃然纸上。

画面中人物的运动方向，以及构图中使用的图形和线条，不但唤起了我们的感觉经验，也成为意义的载体，当我们的眼睛在画面中游走，心情随着故事情节起伏跌宕的时候，画面中蕴含的精神意向也就被直观地显现出来。

047

小结

在审美过程中，如果我们能放松一点，让眼睛先休息一下，不急着去辨析事物的表面现象，而是真切地体会自然带来的各种感觉，感觉到温暖，就张开臂膀；感觉到力量，就挺直身体；感觉到急切，就加快脚步……凭借自身的经验唤起对自然的感受力，便可以体味艺术家倾注在作品中的意味。事实上，正是冷暖、滑涩、大小之类基本的身体感知经验，站着、坐着、走着之类简单的身体动作状态，乃至重量、速度、方向等最初的身体力学经验，为人类的审美判断提供了最可靠的知觉推理的依据。对于一个有审美诉求的人来说，这发自根底的感受力是必不可少的，无论是面对自然美还是艺术美。

第三章 感应成形之美

> 当我细品花香的时候,我嗅见的不只有香气,
> 更有安静、温柔和轻盈的心情。

  《庄子·天地》中有象罔得珠的故事。黄帝在赤水的北岸游玩,不小心把珍贵的玄珠丢了,他派才智超群的"智"去找,没有找到;派善于观察的"离朱"去找,也没有找到;派善于辩言的"喫诟"去找,还是没能找到;最后,派"象罔"去找,象罔找到了玄珠。

  为什么善于智识、明察、辨别的三个人找不到玄珠,而象罔却找到了呢?哲学家的解释是,"象罔"象征着通过"意象"获得的知识,意象不同于"智"的思考,不同于"离朱"的观察,更不同于"喫诟"的辨析,而是将感知到的内容寓于直观的形象中。当他人审视这个形象的时候,寓于其中的思想、感情、意义就会重新显现出来。

  同样,在审美过程中,如果我们能够搁置自己已有的见解,把眼睛从事物的表象中超脱出来,把心思从概念的辨析中抽离出来,就像是看到飞天的飘带,感觉到悠扬的曲调,看到松柏的枝干,感觉到肌肉的运动一般。那么,我们就可以凭借自己真实的感受,发现自然的美,窥见艺术的

美，理解艺术家倾注于线条、图形、色彩之中的美。

一、"听见"一条跌宕起伏的线

成语中有"余音绕梁"的典故，源自一个寓言故事。说昔日有一个少女去齐国，因为粮食吃完了，所以在一家客栈唱歌以换取饮食。在她离开客栈之后，"余音绕梁棚，三日不绝，左右以其人弗去"。这样的情境如果发生在1877年爱迪生发明了留声机之后，那一点不稀奇。但如果是在古代，这听起来确实有点离奇。毕竟在没有特殊录音设备的情况下，要想把声音长久地留存下来，并不是一件容易的事情。

不过，虽然声音很难再现，但是余音绕梁的感觉倒是可以通过回忆予以激活，人们可以通过模拟它的关键特征，重新予以演绎。就像不同的人演唱同一首歌曲，演唱者关注的不是自己和别人的音色是不是一致，而是关注自己是否遵循了与别人相似的音位约束系统，比如重复的频率、声音的延长、重音的间隔等。这样的模拟甚至可以不局限在声音与声音之间，绘画也可以对音乐进行模拟，就像识乐谱的人可以看着乐谱哼出曲调一样。如果画家不执着于再现自然事物看上去的模样，而是着力于模拟声音起伏变化的节奏，就可以通过绘画的形式让音乐节奏重新在人们的脑海中回响。

在欧洲现代派画家中，致力于以绘画的形式模拟音乐的画家，最具代表性的是康定斯基（Wassily Kandinsky）。他曾经将自己聆听交响乐的感觉表现在画面上，以音乐的曲调描述自己的绘画："那些点线面，一会儿跳，一会儿转，嘴里嘟囔着，快让开，顺从着，滑过去。每一条线都在述

康定斯基《无题》

第三章 感应成形之美

说着自己的秘密，每一个点都在标示奇特的东西。"转个圈，跳个舞，当画家在画面的线条与音调的起伏之间找到了对应的机制，就像指挥棒在空中准确地划出音乐的轨迹，一笔一画，乐曲就可以轻而易举地被转换成视觉的线条或图形。而当观众的眼睛碰到这些线条或图形的时候，就像是八音盒里的簧片碰上了表面有小凸起的音条，悠扬的乐声随即便会响起，如绕梁一般，不绝于耳。

我们可以用"得音忘形"来形容康定斯基的抽象绘画。比如这幅未命名的水彩画，画面上只有一些随意涂鸦的线条，钢笔线圈和淡彩涂鸦相互叠加交错，一团一团地混杂在一起，看上去让人感觉莫名其妙。但是，如果我们将之视为声音留下的音轨，或者指挥家挥舞的动作，眼睛循着这些

识美十法　　马家窑文化 圆点弧线纹彩陶盆纹饰

涂鸦的线条运动起伏的时候，便会有声音聚集的感觉，汇合成一首不一样的交响乐。在这个过程中，我们的身体就像是一个截取声音系统的解码器，只要将自身的运动节奏调到相应的频率上，凝固在画面中的音律便会随时在我们的脑海中唱响。

二、换个角度让艺术批评能力迈进一大步

中国古代诗歌有一种重章叠句的修辞形式，上下段用相同的结构反复咏唱，我们形象地称为"盘游"。比如《诗经·桃夭》："桃之夭夭，灼灼其华。之子于归，宜其室家。桃之夭夭，有蕡其实。之子于归，宜其家室。桃之夭夭，其叶蓁蓁。之子于归，宜其家人。"吟诵起来就像是一个舞者一边舒展着身姿，一边盘旋起舞一般，一而再，再而三，驱动着思绪逐渐升华。盘游的节奏让诗歌在言志的同时，兼具了回环反复的旋律美。

盘游的美感最初来源于身体的动觉。当我们旋舞的时候，伴随着天旋地转的感觉，会有一种意识被抽离出身体，在天空中旋舞升腾的感觉，由此产生一种莫名的玄幻感。据人类学家考证，中国古代彩陶上的螺旋纹便是源于这样的体验，先民们利用盘旋的纹样，引发视觉

054

的眩晕感，以此来实现激越人心的目的。当眼睛遇到这样的螺旋形，就好像被没有障碍的线条所吸引，循着它的"力场"旋舞，从中心而外，逐层展开，从一个区域向另一个区域扩展，线条就像是具有盘旋的动能一样，吸引人的感觉乃至心灵随之升腾。

在绘画里感觉到音乐的节奏，在歌唱中看到图形的画面。对于那些能够在画面中感受到音乐节奏的人来说，解码的成功总会带来愉悦的感觉。因为它让人可以超越事物表象，探究到蕴含在事物表象之下的抽象结构，这会大幅度地增强一个人的观察和理解能力。

面对一件艺术作品，如果我们对视觉上的连续、顺滑、回环往复等现象有了感受力，便可以用诸如节奏、旋律、气韵之类的词汇描述自己对于艺术作品的感受，使用诸如稳定轻松的表达、平滑优雅的表现、行云流水的连续感之类的专业语言对艺术作品进行品评，由此，我们的审美能力也会向前迈进一大步。

三、图形里藏着的音乐你看得见吗

或许是因为视觉的清晰感正好补足了声音的流逝带来的遗憾，也或许是因为口令与行动之间天然就保持着最紧密的神经连接，画家以视觉的形式模拟声音的现象总是让人向往。

如果说康定斯基将听觉经验凝固在点线面的节奏中，那么超现实主义画家胡安·米罗（Joan Miró）则更多地着眼于用图形来描述不同声音的特点。看这幅《小丑狂欢节》，仿佛是在举办一场音乐会，音响效果非凡。尖厉的、沉闷的、嗡嗡作响的、刀尖像划玻璃一般刺耳的、叮叮咚咚有节

奏地敲打的声音……各种各样的声音都以其独特的个性呈现。

　　画家用不同的图形表现不一样的声音，细小的图形就像尖厉的声音一样精致，粗大的图形就像沉闷的声音一样浑厚，蜿蜒的线条就像缓慢的声音一样悠长……它们组合在一起，就像是交响乐多变的声部一般更有变化。米罗将自己对声音的感觉转化为视觉图形，就好像在图形与声音之间寻到了相似的频率一般。而在用图形表现声音的过程中，画家的想象力一定是开放的，他一定是从声音中想象到了一些有趣的画面，于是让沉默的图形开始表达自己的个性。

　　当视觉图形引发了声音的联觉与想象，就好像我们的听觉神经和视觉神经出现了交叉，或者听觉神经的突触沿着视觉神经的通路在传递信息一

第三章 感应成形之美

右图
敦煌莫高窟 112 窟
壁画（局部）

左图
敦煌莫高窟 014 窟
壁画（局部）

样，绘画艺术的审美一下子变得有趣而有意味。

比如，敦煌壁画中的飞天便是乐神和舞神的复合体。在佛国世界里，飞天乐伎的任务是为佛陀、菩萨和众神献花、布香、礼赞。她们栖身于花丛，乐舞于琼台，霓裳羽衣，飘逸轻盈，婀娜多姿，缠绕在身上的飘带像是绕梁的妙音一般宛转悠扬。古代画师将飞天乐伎的歌舞融为一体，经过艺术化的构思，将声音乐律与舞姿运动完美地结合在一起。壁画中优美的线条，既是舞蹈动作的呈现，又似有缥缈的音律萦绕其中，这便是飞天乐伎最让人心动的曼妙之处。

敦煌壁画上的飞天乐伎造型特别多，大都被泛化为装饰纹样，填充在壁画的各个角落，但是也有才艺卓越者，可以在琼台的中央献舞。比如，眼前这两个乐伎，便是其中的佼佼者，她们在众神的瞩目和伴奏乐队的衬托中起舞，动作与身段散发非比寻常的美。

以细腰鼓作为伴舞乐器的飞天，舞蹈铿锵有力，她打鼓的动作充满了力度，"啪"的一声，双手用力拍击下去，如春雷凌空，划破了轻烟薄雾；如香雨泼洒，在空中划出无数道晶莹的弧线，落在地上，溅起朵朵水花，回环婉转。当此之时，反弹琵琶的乐伎已经踏出轻盈的舞步，将琵琶扬起，反身轻弹，琴声随之响起，舒缓如绵绵细雨，轻灵如清溪回环，银泉婉转，渐趋悠扬，银瓶掷空，紧劲如簧，凤尾头[1]处激烈转，宛若阵阵刀枪鸣。

鼓乐击打，弦乐悠扬，表演不同乐舞的飞天，她们的身姿具有明确的指示性，诸如上扬与下沉、宽厚与尖利、繁密与轻灵等，这些图形对应着特定的视觉及听觉的感知神经，幻化为一曲看得见的音乐，展现在世人面前。

四、从有形的画面延展出无限的想象

我们可以通过线条的变化联想声音的婉转悠扬，也可以通过图形的形状、大小、变化想象不同的音响。除此之外，独特的构图也可以唤起人们对于声音的想象。比如，中国古代的山水画，便特别善于以绘景的方式表现音乐的意境。画家借空灵的画面，引发心灵的遐思，进而唤起观者对于琴声、风声、歌声的记忆，由此让观者的心中升起余音绕梁般的乐感。

1　凤尾头，琵琶的琴头形制之一。

南宋 马远《听笛图》

第三章 感应成形之美

　　看马远的这幅《听笛图》，以笛韵为名，画面上，扁舟系绝壁，山影薄雾迷，桃红夹岸柳烟碧，野水隔江暝漠迟。近处山石枝干，线条婉转，远处虚空苍茫，气息缥缈。仅在角落处，画一个白衣渔童，似在吹笛。人影绰约，孤舟横卧，一片寂静无声、不起波澜之貌。然而，当我们的眼睛随着层层叠叠的景物，向着画面的深远处延伸移动的时候，紧张的神经便慢慢松弛下来，透过江面的薄雾和渐趋模糊的景物，恍惚间，似有悠扬的笛声萦绕回还，越过空旷的江面，飘向静穆的远山。而面对那空空如也的远方，记忆中模糊的感觉慢慢地变得生动起来，那一片空旷给心灵以回旋的余地，于是悠扬的笛声在回忆和想象中生发而来。此刻，画中的景物如

识美十法

恩斯特《两个孩子受到夜莺的惊吓》

同凝固了一般,而笛声的韵律却显得愈发悠远。

如果说山水画中有乐声,是因为画家在画面中营造的意境足以激起我们的联想,那么在超现实主义的绘画作品中,听到声音则更多的是依赖于梦境般的想象。比如马克斯·恩斯特(Max Ernst)这幅名为《两个孩子受到夜莺的惊吓》的作品,它之所以给我们留下了深刻印象,并不是因为它把实物贴在画面上,而是它让我们仿佛听到了夜的寂静,听到了乡村的深夜里偶尔传来的动物凄厉的叫声,那声音让人不寒而栗。据画家说,那声音来自一只夜莺。或许,只有在梦中,可爱的夜莺才会把我们吓得灵魂出窍。

你看画中有塔楼和悠长的石墙,还有木制的小屋,它们全都被笼罩在了沉沉的蓝色之中,粗大笨拙的画框上长出了叩门的按铃,它变得像一个皮球那样大,近在咫尺却让画中的人够不着。画家通过描写梦境与现实的交织,表现出困于虚幻世界的不真实感。此时,夜莺的鸣叫、画中人的呐喊,各种异样的声音也似乎在我们的耳畔响起。

更激烈的嘶鸣在这幅《家的天使》中回响,画中的形象就像风暴女巫一般,她在飓风的中央狂

右图
恩斯特《天兵》

左图
恩斯特《家的天使》

第三章 感应成形之美

舞，旋卷起五彩的旌旗，如漫天的云霞一般，搅乱了人心的平静。你看她在骤雨来临前狂舞，在海阔天空的画面中肆意旋卷，线条扰乱了海上的空气，而那甜蜜的笑中却包含着刺耳的尖叫。

生活在现实世界中的我们，每个人都在独立地感知和行动，也都会自主地想象与联想，这让我们具备了在现实和梦幻之间来回穿梭的能力，一面持续不断地与周围的事物打交道，一面又经常性地与自己的想象进行对话，不断地探索现实世界中令人惊奇的事物，不断地赋予自己所见的现实以魔力和象征的意义。由此获得的经验会慢慢地编制成一张纷繁的网，并将自己深深地包裹其中，朝外张望。

就像这只苍鹭，在被纷繁的网罩住之前，它沉默着一动不动，凝固般地站在石头上，安静地注视着灰色的树林，似乎是在等群鸟的尖叫，或者期待喧嚣的礁石中裸露出鲜活的鱼。没有什么东西可以打断这只幻想之鸟的逗留，从黎明起，它就没有移动，空洞的眼睛紧紧盯着扭曲的山崖，要求它解释一下海洋和陆地、云和树林，还有整个风景的构架。

061

五、辨识出气味让画面的意境陡升

在我的记忆中,"书香"是一个极雅致的词,每每谈及,总能给人一种美好的感觉,于是我对书也格外珍爱。后来听说这个词来源于古人在书中放置芸香草的习惯,目的是为了防止虫蛀。于是乎,我对"书香"一词的美感体验也就寡淡了许多。

说到香气,倒让我联想到毕加索对立体派绘画的描述,他说立体派的画风更像是在营造一种芳香,"在你面前和四周,香气随处可闻,但你却不知道它来自何方"。确实,如果不是以颜料或者墨汁的气味作为芳香的来源,而是要从绘画作品中闻到香气,这需要一种非凡的审美能力。因为气味的感觉既不是领悟,也不是记忆,甚至不是思维合乎逻辑化的运作,而是想象力在起作用。如同白日梦一般,吸引人进入一种愉悦的氛围中,感到无比的顺畅,但是却弄不清是什么让人感到了愉悦。是周围环境的舒适,还是内心意愿的满足?这样的感觉如同我们日常生活中偶然的心情一般,说不清楚,但却让沉浸其中的人不自觉地改变思想和行为。

事实上,人类对气味的感觉是最原始的,也是最疏离的,感觉总是裹挟在整体的氛围中,似乎很远,又感觉很近,前面、后面、左边、右边,弥漫在周围。闭起眼睛,它似乎在旁边;睁开眼睛,它却哪里都不在,飘飘然地散发出随意的特性。以气味的感觉面对自然,就像是无意中闯入了桃花源,感到无比顺畅和喜悦,但是却弄不清是五颜六色的花儿让你感到了愉悦,还是明媚的天气引发了快乐的情绪,或者是因为昆虫的鸣叫让你觉得动听。沉浸其中的我们,最终会把整体的气氛吸收,并吸纳进自己的内心。

胡安·米罗 壁画

第三章 感应成形之美

　　或许正是因为气味总是裹挟在某种整体的氛围中，所以，气味虽然散漫，却更容易进入人的心灵，自然而然地引发人们的想象与遐想。那种感觉就像是看超现实主义画家胡安·米罗的绘画，充满了流动的意象。微妙的墨点、纤细的线条营造出一个充满怪诞符号的世界。画家似乎感受到了气味在空间流淌、徘徊，有点儿隐约。如同在苍茫的夜空中搜寻繁星一般，一点一滴地收集那些飘散于空气中的、撩拨着人们的视觉神经的信息，然后把它们连接成流动的线条，想象一部奇幻的音乐剧正在上映，隐约间看到装扮成女人或小鸟儿的星辰，漫不经心地在虚空中散步，身旁有鱼儿游过，身后留下一连串闪亮的水晶。疏离的结构微妙地加重了画面不确定的气氛。

　　唐代诗人崔涂有诗曰，"幽兰众宁知，芬芳只暗持"，感叹生于山野的兰花，在无人知晓的地方，默默保持着自己芬芳的花香。欣赏传统水墨画中的兰花，如果我们能够从其笔墨变化中，感受到线条的抑扬顿挫、墨色的浓淡变化，唤起浓郁的、清淡的、柔和的、刺激的、柔滑的、粗涩的嗅觉经验，那么嗅觉神经似乎也会被画面中的线条与墨色带动，牵引出我们的嗅觉经验，于是，画和花立刻有了非凡的气息，墨色与花香相互衬托，成就人们心中完美的幽兰意象。

六、几何形如何构造出清晨的气息

毕加索曾经在与艺术理论家讨论立体派画时说："人们都在谈论立体派作品中究竟有多少真实的东西。其实他们并没有真正理解，你能掌握在手的不是一个事实。"

立体派绘画给予人们的不是一个可见的事实，那是什么呢？

我想应该说是一种气息，对气息的感受一定不是通过观察获得的，甚至不是通过提炼概括获得的，而是需要更多想象活动参与其中。比如，我们看立体派画家胡安·格里斯（Juan Gris）的作品，从绘画题材和内容来看，他主要是将纷繁复杂的自然景物概括成各种形状的几何形，然后将它们按照古典美的秩序组合起来。可以想象他的工作方式，一个人围着日常的景物观察提炼，小提琴的侧面是三角形的、桌子台面是梯形的、雕刻痕迹是弧形的……只要有胆量放弃那些细枝末节的装饰，即便是最普通的静物，也会显现出精致的几何形状。如果仅仅是在做几何拼图，并不足以给人们以美感，也谈不上艺术。它们是掌握在手的事实，没有气息，也没有灵魂。我们需要换一个维度来观看它们。

看清晨的窗台前，报纸的上面放着水果和果盘，还有水壶，这些清晨最重要的东西有着生活的欢快和清晨的暖意。报纸折叠成三角形，上面的文字横平竖直，有着花体的结构，玻璃杯是柱体，粉红的颜色，空气中迷

第三章 感应成形之美

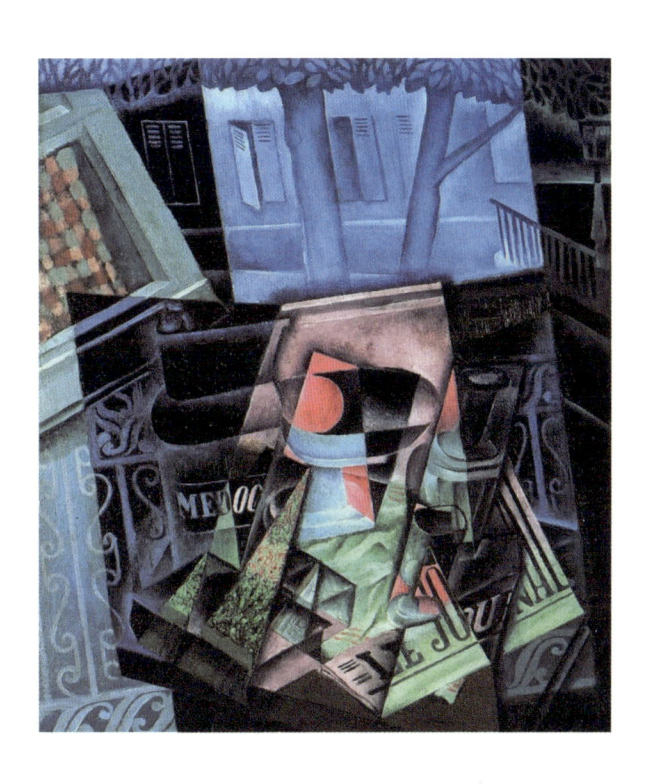

格里斯《窗前静物》

漫着水果的香气。窗台旁边有铁艺的围栏，窗外有树。清晨，还有一点微冷的气息，那种感觉是淡淡的蓝色，层层叠叠地交织在画面的底层。围拢在周围的黑色底片，是心里留存着的一些关于昨夜梦的印象，像影子一样，衬托得清晨清冷的色调更加明媚。

简单的几何形被组织在了一个结构稳定而富于韵律的画面中，无意义的局部拼凑出整体的画面，气韵随即显现出来。这是一个复杂又有趣的过程，事物的各种空间关系，各个面、各个体块都相互咬合在一起。让圆形、三角形等在画面上有序地排列，像谱写出一曲凝固的音乐一般，在获得稳定而持久的结构的同时，让人感受到一种优雅的气息流淌其间。

065

七、丰富的味觉不只来自舌尖也来自眼睛

有一种专家叫作美食家，靠吃成家，令人羡慕，但做美食家并不容易，不仅要会吃，还得会表达，善于从味觉中延伸出丰富的审美意象。其实，一种味道如何甜、如何酸，语言的描述无论如何也是有限的，即便我们可以通过观察他人面部的表情、身体的动作，甚至气息的变化，对他人的味觉体验有所想象。但是，不知梅子为何物的人，不会有望梅止渴的体验。如果没有引起味觉经验的回忆，没有牵扯出关联的想象，味觉的感受始终是模糊的。

李白举杯邀明月，醉酒诗百篇，对于一个品尝过美酒的人来说，当他感觉到了舌尖乃至身心的快乐，便会不由自主地将自己的味觉感受转化为可视化的表现，畅饮、举杯、起舞、邀明月，从杯中之物引发身体动作的表达。李白似乎是洞悉了月亮可以装满美酒的秘密，借那一轮明月，将味觉的酸和甜交汇其中。也将我们记忆中的关于美酒的味觉经验唤醒，引发美丽的遐想，化作婀娜的婵娟、捣药的玉兔、伐桂的吴刚、圆融的蟾蜍，也化作翻滚起波浪、卷起流水般的思绪，从有限的感觉延伸出无限的审美意象。如梵·高笔下的星空，涌动着天旋地转的笔触，引人走向梦境，显现出超越现实的味道。

当味觉将人们最原始、最本真的需求，以一种稀松平常又难以抗拒的姿态呈现，并引发联想与想象的时候，味觉感受便有了被反思的内容，浓郁还是清淡，适宜还是刺激，柔滑还是粗涩，乃至于这些概念可以与具体的视觉形式联系在一起，或直或曲的线条，或方或圆的图形、或冷或暖的色彩，于是味觉经验转化成为可以审美的意象。看荷兰小画派画家格拉尔

第三章 感应成形之美

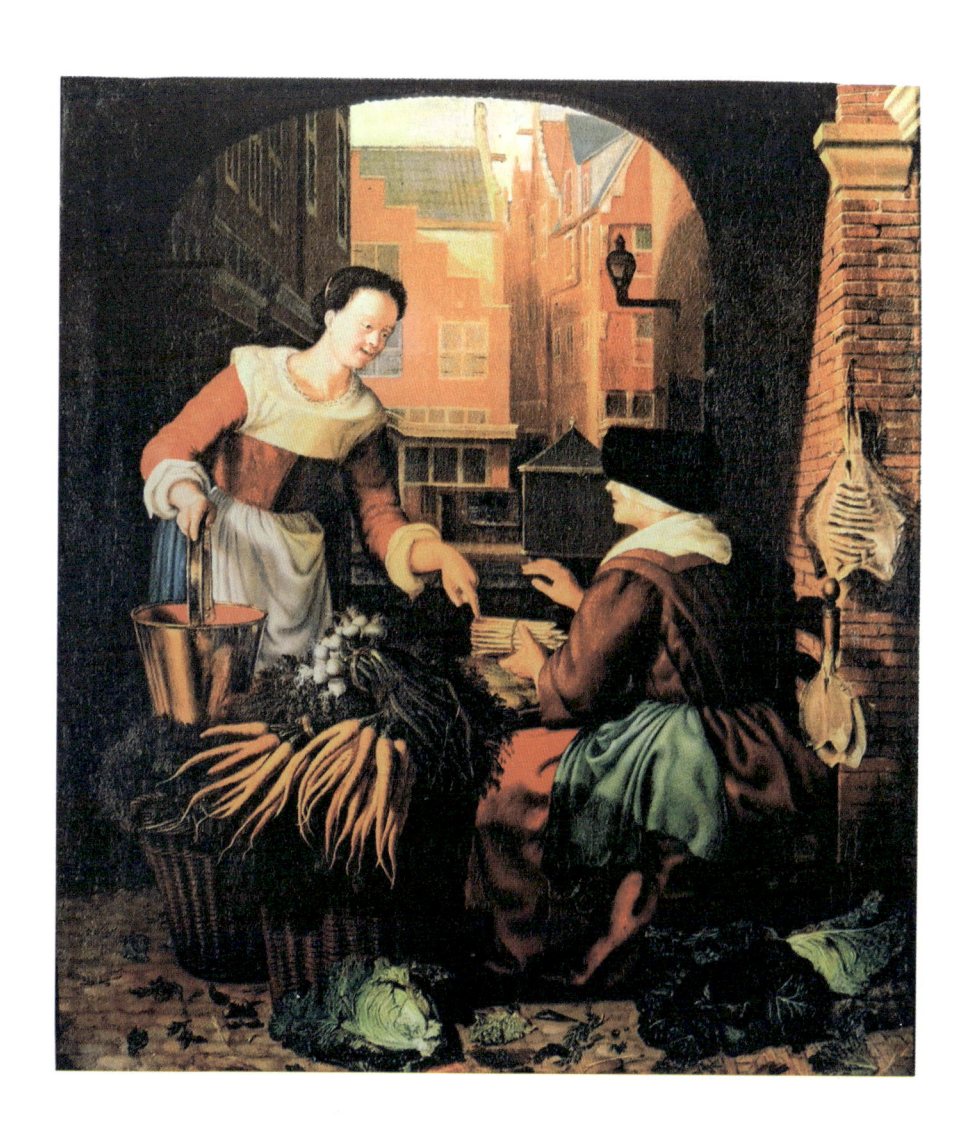

格拉尔德·特鲍赫
《卖蔬菜的妇人》

德·特鲍赫（Gerard Terborch）的这幅风俗题材作品《卖蔬菜的妇人》，画面中有柔软的形状和温暖的颜色，有平静的气氛明亮的光，愉悦的视觉体验激活了味觉感受，让我们似乎闻到了厨房里面包的焦香和蔬菜清新的味道，感受到了其中蕴含的生活气息。

八、基于味觉的社会现象批判更触动人心

说到让我感到味觉不适的绘画，我的眼前立刻浮现出美国画家大卫·萨利（David Salle）的一些作品。当我第一眼看到它们的时候，感觉就像是看淘气的孩子把捡来的垃圾食品堆在了画面上，饼干、可乐、牛奶、汉堡包，凌乱地堆砌、倾洒。或者是一个邋遢的画家，刚从廉价超市购物回来，把几近过期的食物摊在地板上，随便吃两口，完全不管它们有没有营养。似乎一边吃还一边念叨："哦，全当是填肚子了，先喝掉牛奶，把饼干袋子撕开，吃几片。吃饱就可以继续涂鸦的工作了，不用太细致，粗略地画几笔就好，商品时代没有什么可精贵的。怪怪的味道，营养少得可怜。好了，就这么画吧，画到哪儿算哪儿……"于是，画面上有了汉堡包、饼干、可乐、蛋糕……这些日常生活中的快餐食品成了主角，堂而皇之地摆在了画家的画布上。

不过，显然从内心来说，画家对这些廉价的食品是厌弃的。虽然它们被当作食物，不吃会饿，必须把它们真实地画出来，但实在是无趣，还不如童年的黑面包值得回味。杂乱、无序，画家以一种戏谑的笔法，描绘着他身边的这些廉价食物，把它们倒过来，歪着画，用不屑的态度俯视它们，即便把它们画得很大，也要让观众知道，它们并不高贵，就像这被作为商品的作品。

  这些充斥着添加剂的食物，看上去光鲜亮丽，似乎可以长久保存，但其实却是危险的东西，需要用鲜艳的红色、橘色，还有铬黄色来画，这至少可以让人们联想到自然界那些警示人们要远离的毒物。即便它们被摆放在超市的货架上，画家依然有责任把它们的实质表现出来。让大家知道它们粗俗、混乱、无意义。至于画中的人物，生活在物欲膨胀的时代，天知道他有什么本质是固定不变的，也猜不透他们的头脑里装着什么，所以涂抹几下，有个影子就行了……

  画家似乎在这么想，也在这么做。随手涂鸦、拼贴，东拼西凑地让索然无味的东西肆意妄为地充斥在画面中，喧闹、荒诞悬浮在空中，伴随着一股廉价奶油的味道，搅和得观看者都有了肠胃不适的感觉。混合着脘腹闷胀的感觉，那个被物欲充斥的世界被清晰地呈现在了画面上。

小结

哲学家康德曾经将审美趣味的萌发与味觉联系在一起，指出两者都植根于人的感官体验，审美趣味虽然涉及更复杂的心理结构以及文化因素，但是，在给予人快感方面，它与味觉如出一辙，都需要想象与联想才能达成，而不是进行理性的分析。

艺术家通过他们的工作，将听觉、触觉、嗅觉、味觉等非视觉的感官经验转化为视觉的形式，就像编码一般，将自己的感受以线条、图形、色彩的方式表现在艺术作品中。当我们带着自己的感官经验进入那些艺术作品的时候，留存在其中的审美密码就会被激活，在唤起我们关于自然的各种感官经验的同时，也引发情感的反应，并延伸出丰富的想象。

第四章

格物遐想之美

第四章 格物遐想之美

———
不必回溯千年去为美寻求证明，
即便是一粒显现于时光中的微尘也是美的明证。

　　赵无极的绘画给人的感觉，就像是无意间走进了一个深沉的梦。在梦中，宇宙刚刚诞生，天地正在趋于成形，气、水、土、风在其中酝酿。脑海中自然而然会浮现出天地初始的景象，自然万物在其中生长，慢慢地幻化出形象。如同创世神话一般，从一片混沌中绽放光明。各种物质从其中逐渐分解出来，延伸、连接、组合、凝聚，诞生了有生命的世界，就像是一粒种子撒在了宇宙的土壤中，慢慢发芽，生出水，生出土，生出火，生出风，生出生命的光。

　　据说，赵无极喜欢将大幅的画布铺在地上作画，如同自己置身于天地之间，无拘无束地尽情挥洒，让宇宙的苍茫感带着远古的气息在画面中流淌。或许他一边画一边在喃喃自语：我该如何抒写，才能驱散现实中混杂无类的喧嚣？才能让自由的生命获得诗意的安居？

　　唯有竭尽全力将自己从官能诱惑的束缚中解放出来，超越那些流光溢彩般的表象，从自然事物所固有的真实的属性中寻找艺术的灵感，人们才能与自然建立休戚与共的连接。这是一个宏伟的计划，就像古代的哲学家在探讨世界的本源一般，是火，是水，是土，还是风？唯一不同的是，伴随古代先哲的是理性的哲思，而伴随画家的是诗意的遐想。

一、从智者乐水说起

古语有"智者乐水"之说。达·芬奇（Leonardo da Vinci）算是智者，他看到水滴滴在平静的水面，震荡出一圈一圈的波纹，便联想到声音在空气中的传播可能采用一样的传播形式，他甚至由此推断，光的传播方式也应该类似，只是扩散的速度要比声波快得多。在相距甚远的两种事物间看到某种相似特征的关联性，由此将对一种事物现象的理解移用到对另一个未知事物的解释中。通过观察已知事物的物理结构，设想未知事物所呈现的结构也从属于同一个系统，这种观物方式确实充满了智慧。

北宋画家李公麟画维摩诘像，在绘画形式上，也遵循着这样的智慧。他通过象似性的模拟，从水的形态中抽取出通透、连绵的特征，将之用于表现

人物形象及衣纹的舒展，使之如流水般充满了灵动的气息。当我们看到画中的维摩诘时，审美的感受中，既包含着对一个智慧老人的想象，也包含着对水的意味的联想。于是，水的灵动、澄明、通透的气息，也就在维摩诘的造像中被显现出来。

《易经》中的涣卦这样描述水的意象：洪水要来了，风推动了水的流淌，人们骑着马奔跑；洪水泛起来了，像是山丘，拱起了背，层层叠叠连绵不绝；好宏大啊，怪兽会不会在其中隐藏；不可思议啊，洪水翻卷起漩涡，它带来了沃土，让大地换上新装，让人们的生活平静安好。

在这样的意境描述中，我们看到的是如同自然纪录片般的一帧接一帧的画面。开始的时候，平静的河水抚过地平面，绵延出长长的线，向前，光滑如指尖，粘连，如水天一色的无间，舒展的形态让人联想到手臂伸到空中翘盼的情境。这是大河发出的邀请，可以毫不胆怯地随着它恣意奔跑。奔跑的线条伴随着水流的奔涌，激活了身体运动的热情，于是，放胆挥洒，看水流激烈，活泼泼地舞出自由的线，没有拘束，随波回还，忘我地奔流。看那水浪高擎如巨兽立于面前，看它抓住支离的线，撕破封闭的地平面。想象着，等汹涌的河水摧毁那顽固的堤岸，漫过大地，便会带来肥沃的泥土，让万物焕然新鲜。

当这样的画面在我们的脑海浮现的时候，水天交融处正在上演奇幻的影像，一帧接一帧激活了人们对水的遐想，涌现出人类理解自我意志、解释自然现象的渴望。

二、水的情调与自由的遐思

水是中国传统绘画中常见的元素,在山水画中,我们很容易找到水的身影。它往往是从远的山间流淌下来,形成小小的瀑布,然后,顺着山峦崎岖而下,在整个画面里穿梭、流淌,勾勒出漂亮的S线,然后升华为气,笼山色显隐,罩云林微茫。水的心思是轻灵的,它不待见实体的冗杂与沉重,而更愿意以一种轻歌曼舞的姿态,温润天地的气息。

有了水,山便有了灵气,即便山林寂静,暮色隐深,亦有轻灵的气息游走其间。我们可以遐想,自己便是那画中的人,漫步山水间,去探寻水的源头。循着水的激情,逆流而上,随着水的心情,顺流婉转,在画面的全幅中寻找水的意象,看水跃出自身形态的局限,漫延到整个画面中。画家用水流般的线条组织构图,仰望山崖的形态,如巨浪般高耸;俯瞰山路的线条,如溪流般蜿蜒;静观松柏的枝干,如激流般穿梭,让悠游于山水间的人可以顺着山势,逆流而上,如同得了水的灵魂一般,称之为神,喻之为妙。

看马远的十二幅《水图》以展卷式的构图延展铺陈,水势连绵,天地浩渺,牵引着我们的眼睛顺着画面舒展绵延,凝视当下,回味过往,展望将至,边看边想,水流在头脑中连绵、流淌、涌起、回溯、蓄势、漫溢、凝聚、融合,在浩瀚缥缈的天地间,一往无前。

让人不由得调动起了自身的感觉经验,亲身模仿水的流淌,它的漩涡儿,它的运动、旋转、溅起,漫过池塘,绕个圈往前跑,当此之时,对水的认知不仅仅停留在目睹、耳闻的层面,而是进入我们的身体。见其逆流而上,便有"溯洄从之,道阻且长"之感,见其顺流而下,便有"滑落如马远《水图》之"云舒浪卷"

丝,随波逐流"之叹。

于是对水的观照,充实到了我们对自然与社会规律的探索中,乃至延伸出了诸如"流动性""趋势性""漫溢性""回溯性"之类的抽象概念。继而带着这些概念去推理、设想,看社会的流动性,探时尚的趋势性,思审美的满溢性等,让我们在求索意义的人生中有美相伴。

三、蕴含在平凡中的似水流年

一方水土养一方人,对于生活在季风气候区的、依凭大地而生的农耕民族来说,水最亲切的形态是雨。看山西大同浑源县律吕神祠明代壁画上的《四海龙王行云布雨图》,图中行云布雨的各路神祇光彩照人,龙马海

山西浑源 律吕神祠壁画 《四海龙王行云布雨图》（局部）

第四章 格物遐想之美

山西浑源 律吕神祠 壁画（局部）

兽争奇斗艳，画家用最热忱的笔墨，表达对春雨的祈盼。

春雨将至，最着急的莫过于这一家老小，他们要在春雨来临之前完成播种的任务。那急切的劲儿就像是刨开了田埂，灌溉的水流奔涌，溅着水花，打着转儿，一路往前赶。驼背的老人从画面的右上角赶过来，那头倔脾气的牛却不知紧慢，逼着老头儿追上前去吆喝。牛是老人的生计，是他生活的依靠，他非常爱惜，即便那牛有脾气，任性，老人依然笑眯眯的，装不出厉害的模样。你看他手里的鞭子，轻飘飘的，像是绒线做的一般，哪里是在呵斥，分明是在制止淘气的孩子。那牛倒是上了气性，蹬着脚、探着头，使劲儿往前冲，好像要跟前面的牛理论一般。前面那头牛也不示弱，转过头来，摆出要干仗的架势，像个武士一样，撑足了力气。就势回转的身体，形成一条饱满的弧线，像是拉满了的弓，把力量全部聚集起来，霸气地瞪着后面的牛。两头牛较着劲儿，在画面中形成了一个回环，就像湍急的流水遇到了阻力，聚合成一个漩涡，成为画面冲突的焦点。

前面赶路的年轻人，此刻没有心情理会牛打架的事情，心里只想着尽快赶到农田里去。时间不等人，他迈开步子往前走，身上连续的线条从稀

疏到密集，这些线条配合重心前倾的动态，把年轻人急急火火的心态生动地表现了出来。让我们这些旁观者从那牛打架的"漩涡"中解脱了出来，开始关心这一家老小是否能在雨季来临前，完成播种的任务。

对于将生存寄托在水和土之中的人们来说，有什么比按时播种更重要的呢？你看，整个画面贯穿着向前流动的趋势。跑在最前面的驴子和小牛犊，步履轻盈，像是涌动的小波浪，溅起小浪花，它们身上的线条舒缓、流畅，行走的节奏舒畅。它俩像是一对说着知心话的好朋友，小牛的表情恭顺，探下头来，紧跟在驴子旁边。那驴子倒是个话痨，直着脖子，侧过头来教导小牛，俨然是高"牛"一等的样子。这侧转的驴头，略微抬高，正好形成一个回环的结构，成为这一组形象的结点，就像写文章最后打个惊叹号一样，让布局更显完整。

看这一老一小两个人和大大小小四头家畜的鱼贯而行，让人不禁感叹那行云流水般的构图如此轻灵。喧闹、嬉戏，聚集成漩涡儿，滴溜溜地打转儿，追逐着浪头儿，急急火火往前赶，热闹得让人没有办法对他们无动于衷。

春雨催生了春耕的繁忙，也催生了情爱的萌动。据说，那时村里来了位美丽的姑娘，她的美貌在女人们中间流传，张家奶奶拍着李家婶婶的肩膀，说："快看啊，那是谁家的姑娘眉清目秀，这么好看。"李家婶婶凑到赵家媳妇跟前打听："那个骑着驴儿，穿着红衣的女子是谁家的姑娘啊？"连村里的娃娃们都被吸引得跑去看热闹，未见其人，已闻其声，赞叹的声浪一层高过一层，连村里最高大英俊的小伙子，也跑去献殷勤，你看他屈膝弓背，极尽谦卑地笑脸相迎。而在此刻，那滋润庄稼的春雨，摇身一变，成了促成良缘的红娘，它给了小伙子上前搭讪的机会，可以借送

山西浑源 律吕神祠 壁画（局部）

第四章 格物遐想之美

伞之名，表达自己的爱意。经过这么一番渲染铺陈，让我们这些没能亲见美女的人，也开始在脑海中想象她沉鱼落雁的容貌了。

　　此刻，如果不是刻意俯下身来观看，我或许也像其他人一样，无缘与这些"小人物"相遇。他们被画得实在是太简单了，简单得甚至让人感觉粗陋。想必是大师傅们的心思都用在描画大人物身上了，谁也没精力顾及这些小人物，而且大家心里都明白，没有人会在意这些待在角落里的小人物好不好看，就像没有人会在意干体力活的人衣着破旧一样，随便吩咐个小徒弟来给他们画个像，起个衬托作用，也就完事了。不过，小徒弟稚拙、粗率的画法倒是遂了这些小人物的意，从脸上的表情到操劳的动作，粗粗拉拉的，让一个个朴实的形象、一个个沉沦于生活的情态，毫不遮掩地呈现在世人面前。忙着春播的一家老小，喜欢在地头吃晌午饭、抽旱烟的老头儿，孝悌之家相互扶持的父子俩，赶着往田地里送饭的小媳妇，好逸恶劳垂涎美色的小后生，还有喜欢聊些家长里短、传点闲话的妇女们，透过他们，我似乎管窥到了生活的百态，感悟到了上善若水的自然。

四、在对水的想象中照见了优美

在中国传统神话中，水星是五曜之一，是北方辰星。在道教中，水星仅仅位列三清之下，地位很高。道教典籍《洞渊集》卷七记载："北方水德星君，水之精。黑帝之子，水德为天心……主发生物，光照五十万里，径一百里，一年一周天。管人间水族绞龙群鱼、雪雹凝寒之事。"

在山西永乐宫三清殿壁画中，水星被画成了女性形象，头戴凤冠，双环高髻，面相清灵，神态静穆，持笔回眸，似在觅句作文。

远观之，迎面给人一种清风拂面之感。似有一挂瀑布，飞泻而下，一条条的衣褶，流淌似清泉，清澈宛转，泉水叮当。头上的凤冠花团锦簇，身上的璎珞玉响琳琅，似乎可以顺着衣褶，溜溜地滑落下来，发出清泉石涧流、玉珠落玉盘的声响，一种轻灵通透的美跃然而出。

近察之，她的面容圆润而富于弹性，委婉的弧线和紧致的脖颈，毫不遮掩地表现出她花信年华的清纯。少女似水般的清澈，让水神的魂灵一下子活了起来，感叹她终于可以撂下水族群鱼、雪雹凝寒之类的俗务，而专注于表现水的生命意蕴。或许正是因为有了这样"无用"的意志，轻灵的、愉悦的、包容的、谦和的、委婉的女性之美便可以在水的映射下熠熠生辉。

看东晋顾恺之所绘《女史箴图》中的仕女形象，一派高古的风姿。线

第四章 格物遐想之美

永乐宫三清殿
壁画 水星神像

条如流水般涓涌,气息如云气般飘逸。画家刻意回避了对女性身段曲线和娇媚之姿的描写,而是趋于人物气韵的表现,强调动态的优美,使用高古游丝描的笔法,将自己对于水和云气的感觉经验融入仕女气质的表现中,让观看者透过流畅的线条,领悟到画中人物超凡脱俗飘然而至的气韵。柔软、轻灵,逍遥飘逸,当我们跨越了窥探仕女脸形是否圆润、身形是否修长之类的感官欲望,而从画家的线条中联想到流水浮云、溪水清泉之类的意象,关乎女性的气韵之美就无遮蔽地显现了出来。

东晋 顾恺之《女史箴图》唐摹本（局部）

五、听耕牛和大犁车说说土的涵养

天上滴落的雨水、大地上流淌的河水，滋润着孕育生命的泥土。泥土是农耕文明赖以生存的基础，也是自然生命得以存在的境遇场。泥土在先民的心中是温和、敦厚、鄙俗的，但也是生命得以涵养繁衍的依托，蕴含着无限生机。

看宋人《清溪晚牧图》，听大地的耕牛无言地述说：人是从大地里生长出来的，生命就像是从泥土里长出来的植物，连同根须一起，为了能在

第四章 格物遐想之美

宋 佚名 《清溪晚牧图》

苍穹中开花结果，奋力攀延。生于大地者，难掩怀恋之情，杨柳依岸，割舍不断大地的根脉，就像牧童离不开耕牛的脊背，耕牛的蹄足离不开土地的泥泞，腐朽与生机混合在一起，永久相连。黑黢黢的耕牛驮起牧童，步伐缓慢而坚韧，它不在意流水的欢歌，只想嗅见大地温柔；它不在意花草的清香，只顾唤醒蛮荒的大地，邀请她接纳植物的根须，生出足够的果实，喂养万物生灵。就像所有的牺牲者一样，耕牛的灵魂注定是谦卑的，它不仰慕遥远的天国，低垂的头颅贴近大地，蹄足沾满泥土的湿润和肥沃，身姿撑起牧童的娇嗔与任性。它不哀怨有限的时光，任晚风在耳畔低语，置身于粗陋的生活，心却挺然，踌躇着，操劳着，无声的喘息随着渐深的黄昏渐行渐远。耕牛庇护着牧童，大地庇护着生灵，满溢出持久的喜悦。看燕燕于飞，时光在田垄上往复如梭；看草木枯荣，铁铧犁伴着颠簸的步伐砥砺前行；看岁月迁延，生命连同根须一起从大地里长出来，生出亮闪闪的庄稼、喜洋洋的树。

《清溪晚牧图》中的耕牛让我联想到了立体派画家乔治·勃拉克（Georges Braque）晚年的作品《大犁车》，同样

085

是朝向大地的存在者，肩负着为人们开辟生路的责任，同样是呼吸着泥土气息的操劳者，维系着人与大地的血脉纽带。当大地的犁车被放在了画面上的时候，泥土的温情被徐徐展现出来。画家用体贴的笔触把自己对泥土的情感推进到大地深处，用厚重的色调绵延谦卑地祈盼，看那些用画刀堆砌的小色块，闪烁着光泽，温暖的色调似乎是在咏叹大地孕育的恩情，田野枯荣，日月蹉跎，犁车捧起潮润的泥土，邀请大地敞开心怀，允许人们安居繁衍。

六、看火的精神如此耀眼地显现

原始的歌舞常有不断重复上举的动作，人类学家认为这样的动作是为了达到"降升上下之神"的目的，忘乎所以的舞蹈促进了血液的流动，筋

骨的力量也随之奋发,气息升腾,而精神也为之激越。舞者借此祈求达到超越凡俗,与神沟通的境界。以此姿态观看火,火的运动也有类似的特点,看火苗抖动,瞬间照亮了周围的昏暗。即便是一个小小的火苗,也会蠢蠢欲动地计划着开启上升的运动,燃烧、释放,创造出不一样的物质。火照亮了虚空,也照亮了人类的目光,引领着人类做出非凡的壮举,彰显出生命的精神。

或许,当梵·高在画向日葵的时候,脑海里浮现的也是火的意象,那铿锵有力的笔触,便是在召唤火的精神的莅临,看向日葵的花瓣像火苗在舞蹈,一团团地燃烧,和着绚丽明亮的色调,旋转升腾,花蕊像燃烧着的炭火在冒着暖色的火芯儿,扭动、旋转,连续的线条让人联想到火的绵延与炽烈。纯粹的铬黄色弥漫着整个画面,营造出耀眼的辉煌。铬黄这种颜料放久了,颜色会深沉一些,变得不那么刺目,所以我们可以想象,这幅画刚画出来的时候，一定非常艳丽。如此炽烈的色彩，粗陋、直接，刺痛了人们的目光，也烘托出了满怀的激情，我们似乎可以听到他的赞叹："向日葵何其美！"

梵·高在火中找到了与自己生命精神契合的意象，他将对火的情感倾注在了向日葵的绘画中，用强烈的色彩和笔触赋予向日葵以火一般的英雄气，而火的精神也在他绘画的向日葵中得以显现。

七、在壮美的意象中探寻净化心灵的力量

在人类的生命经验中，温柔的火可以给人带来温暖，失去控制的火会灼伤人，给人带来痛苦。古代的天王力士造像便是借了火势而来的。在中国的古代画家中，善画力士者，无出画圣吴道子之右。吴道子所画力士，其目如电，其声如雷，其气如镠铁，虬须云鬓，毛根出肉，数尺飞动，力健有余。他行笔磊落，笔迹如铁，以强劲的线势把捉骄悍的姿态，在狂迹纵放间，凸显力士的变状怪怖，睹之让人不觉毛戴。

后有宋人李公麟，善画天王，自谓学顾高古，但给人感觉，精工有余而乏于神气。除此二人之外，在天王力士的造型方面，能够别出机杼的，只有明代画家陈洪绶。不同于吴道子着眼于气势的动态表现，也不同于李公麟凝思静观的书卷气息，陈洪绶更强调整体气韵的象征意味，以浑全的图形，引发人们关于壮美现象的联想。比如这幅武将造像，虽然画幅不大，但力量气势，超拔磊落，如天王力士一般，有力拔山兮的气概。让人不由得联想到山崖隆起，巨瀑高悬的景象，浓重的积雨云汇聚着电闪雷鸣的威力。透过夸张的比例和仰观的视角，让人可以想象他形体硕大，正凭

第四章 格物遐想之美

下图
明 陈洪绶
《西厢记》插图

上图
唐 吴道子
《送子天王图》（局部）

高视远。由此，将天王力士的壮美，从视觉感受推向了象征的符号世界之中。

天王力士造型之所以让人感觉惊恐异常，大都与扭曲的、锋利的线形引发了我们对火的联想有关。明代壁画《明王图》中的形象极其怪异，翻滚抖动的线条伴随着艰涩的感觉，曲线升腾，直线倾轧，犬牙交错，顷刻

089

间让我们的视觉像是被灼伤和刺痛了一般，不敢直视。加之画面色彩强烈的对比，闪烁不定的视觉效果给人以阴阳不可测的感觉。似乎在召唤火的神灵，扭转、升腾，火一般地变幻着暴力与和平的选项。

整幅画如火焰被风激怒了一般，将储存在人们生命深处的、对于原始力量的敬畏之情带上来，感受到他丑陋得让人刺目的样貌中，恍惚间闪现出摄人心魄的光，那光与其说是力士的凶悍之光，不如说是超现实的烈火之光，或者更确切地说，是一种拥有烈火般气质的超自然的光，带着一团火的威严，有力地净化着人们的心灵世界。

古往今来，人们亲近火，敬畏火，歌颂火。对火的认知在触觉经验中积累，在视觉的感知中被综合、被转化。

古代的巫师们将火看作沟通天人的媒介，用火占卜，伴随着烧裂的甲骨，想象天帝的旨意，看火焰留下的变幻莫测的线形，在点点画画间，寻找着创造文字符号的灵感。中华文明上古三代夏、商、周，商的建立者商汤的先祖契，便是帝尧分封的"火正"，居于商地，后来以地为号称"商"，后世尊称为"火神"。火神的威力劈开了自然的混沌，也点燃了中华文明薪火相传的第一支火炬。

八、铄金为器的法度之美

作为中华文明的象征，青铜器是中国古代最具代表性的艺术形式之一。早期的青铜器，充满了火一般神秘与威慑的气息。厚重的质感、凹凸不平的纹理、锋芒毕露的线条、独特的造型突兀狞厉，给人一种刹那间从自然生活中抽离出来的感觉。

第四章 格物遐想之美

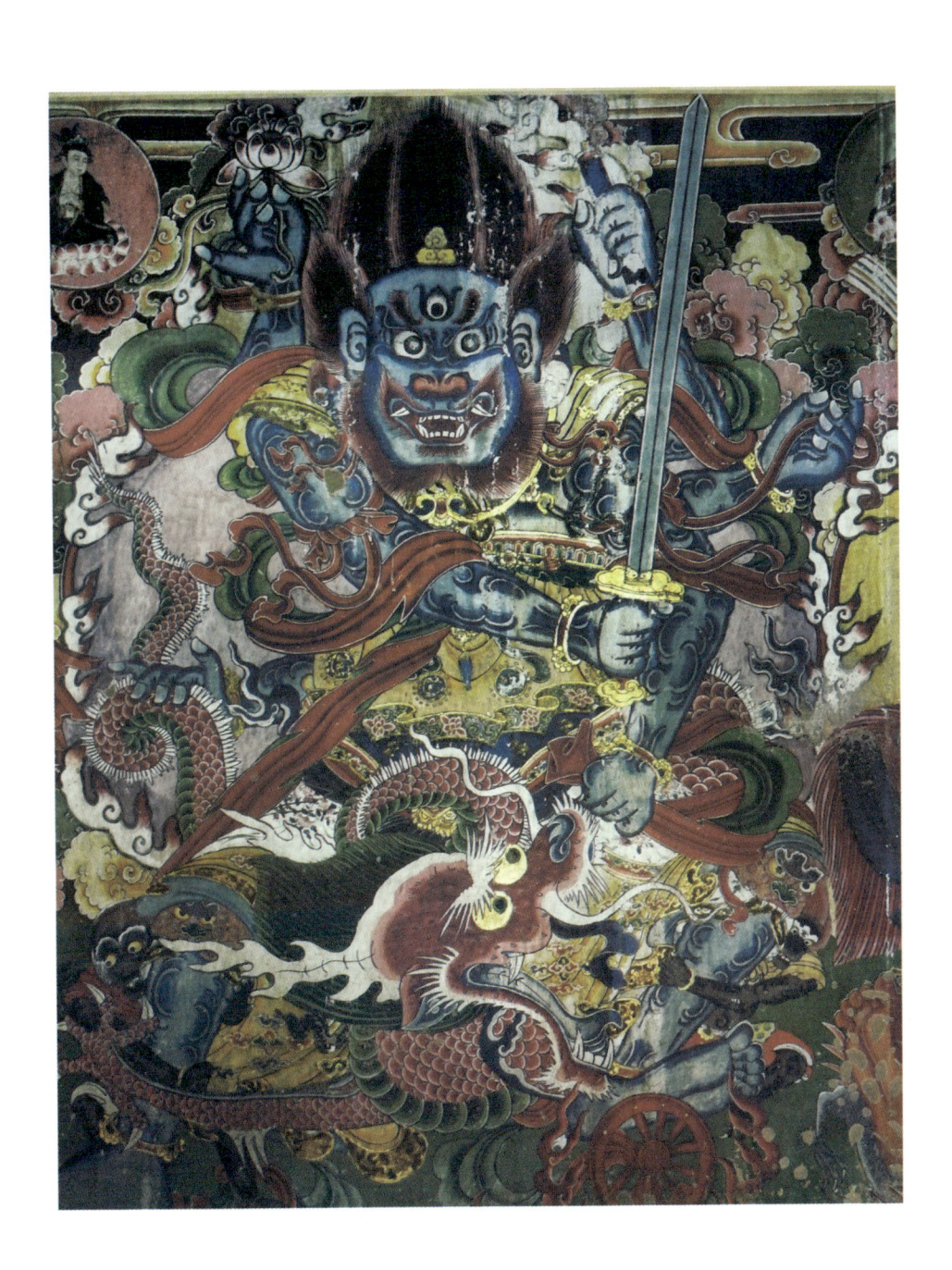

大同永安寺壁画
《明王图》(局部)

噩侯铜方罍 西周早期

看出土于湖北随州的噩侯罍，我们的目光瞬间会被那狞厉的气息所捕获，青铜器上的浮雕兽面，眉毛竖立，鼻翼夸张，头上有角，耳朵如虎，獠牙突兀，有"兽面纹"的特征，但却不像兽面纹那样"凶神恶煞"，反而更近似于人脸，狞笑的神情充满神秘的气息。作为祭祀用品，青铜器以光怪陆离的造型表达对神灵的敬畏。同时，其内在的结构也异常严格，整体的结构往往遵循对称等分的制式，强调方正有度的比例关系，装饰纹样对称均衡，器物的比例遵循着规范的数理关系。

这种基于理性象征的审美理想与西方艺术基于自然观察而确定的黄金比例非常不同，它不是依据感性经验的美感规则，而是基于理性的设想创造的，具有象征的意味，反映了先民对于天人关系以及完美的社会秩序的设想。随着时代的变迁，这种独特的美感形式，逐渐浸入整个民族的审美潜意识中，成为中华文明历代传承的审美范式之一。

金的器物用于祭祀，因此以金为材质的艺术造型总是具有满满的仪式感，即便是世俗社会，多金也是人们祈盼的幸福。在民间文化中，金符、金鸡、金虎，乃至与金相关的形象大都有护佑降福的功能，而其造型也以均衡和谐为关键，无论使用的是几何的、抽象的形状，还是卷曲的、延展的线条，都会首先权衡画面图形的大小，使

之在整体上给人以稳定严格的感觉。当我们仔细品味那些遗存在历史中的青铜器物，会直观地感知到其中蕴含的法度之美，继而在观察与权衡的过程中，视野超越了局部，而观照到了整体。

九、在遐想中探寻秩序美的图式

在中国的民间信仰中，天上的金星被视为掌管金的神灵，担负着启明的任务。有趣的是，虽然在我们的认知中，金的物理属性严格规整，金造之物也是法度森严，我们自然会想象，执掌它的应该是一位睿智的老者，就像大闹天宫中的太白金星一样须眉全白。但在早期道教的神仙体系中，太白金星却是一位身形丰润的妇人。在唐代梁令瓒所绘《五星及二十八宿神形图卷》中，太白金星是专门负责为天帝传递旨意的信使，座下五色神鸡，鹰翅鹤身，羽翼飘扬。

在山西芮城永乐宫三清殿的壁画中，金星也以女性形象示人，五官端庄，面庞圆润，手抱琵琶，一派宁静忧思的神情。最有特色的是她的头冠，整体作庑宇状，呈现为一个"金"字形，她周围的线形简明疏朗，给人以静谧的感觉。不过，在这片静谧中，涌动着的却是一场物极必反的喧嚣，或许在下一刻，她手中的琵琶就会奏出激烈的旋律，"银瓶乍破水浆迸，铁骑突出刀枪鸣"。她头顶的金冠金声玉振，发出钟磬般的声响。而她座下的那五彩神鸡也会引颈而鸣，一唱天下白。

面对这样的造像，静视凝神，我的心思不由得随着她隐喻的意象蔓延开来，或许正是金星——凌晨时分亮在东方地平线上的启明星，引得先民遐想，认为她可以启发人们理性的智慧，朝向光明。

永乐宫三清殿
壁画 金星神像

我们可以想象一幅图景：启明星的光投入了幽深的夜，打破了夜的混沌，释放出了五彩的光——

启明星的光化作白色的直线，射向夜的中央，窥探空寂的虚无。

启明星的光化作五彩的格子，凑成等腰的梯形，对抗着漠然的幽深。

启明星的光化作黄色三角，黄色的性格本来是明朗的、容易激动的，但是当它朝向了深邃的未知，浓重的黑色让它一下子变得胆怯了，忘记了

自己作为直角几何形的力量。

　　启明星的光化作朱红和蓝色的圆圈，它们组合成一对搭档，朱红的圆形为了照顾蓝色怯懦的性格，特意把蓝色的圈捧得大一点，好让它俩可以在面对不确定的空间呈共进退。

　　看那些连成串的半圆，刚从幽深的寂静中跳离出来，蹦蹦跳跳地，发出叮叮咚咚的声响。它在向人们透露启明星的密旨——人类理性的萌发就从对抗黑夜的游戏中开始。

小结

风可以掀起海浪，也可能悄无声息；水可以静静流淌，也可能平地波澜；火可以温暖人心，也可能变得残酷无情；土地可以孕育生命，也可能会埋葬一切。天空昭示着永恒，也寓意着消逝；山脉绵延着持久，也喻示着断裂。

当我们调动自己最基本的感官能力，诸如动静、冷热、强弱、曲直的体验，以及方位朝向的前后、左右、进退等，去想象自然的物质形象，就会发现我们与自然是如此贴近，无论是中国传统的五行——金、木、水、火、土，或者希腊古代的四大元素——水、火、气、土，这些自然元素蕴含着非凡的能力，它们能够把与之相关的事物都染上相似的气质。

如果我们在观察自然现象或审美艺术作品的时候，积极地想象，诗意地沉思，那么，我们的感受就会超越感官，而更广泛、更深刻地触及审美意识的深层结构。

第五章
氤氲成象之美

第五章 氤氲成象之美

如果偶然的效果吸引了我，那它一定是有意义的，
就像殷人看见龟甲在薪火中烧出了裂纹。

　　闲暇之时，沏一盏清茶，燃一炷沉香，安静地放慢呼吸，便有心思凝视那一缕香气伴着青烟缭绕，缓慢地发生，飘荡，升华。虚无缥缈间，显现出浮空如云，氤氲成花的景象。那清茶的香气，本来是源于水的，只是它决意要逃离水的温柔乡，扬弃那令人羡慕的躯体，去寻找一种新的诞生。虽然这样，但是它的形式依然不免让人联想到水的流动与多情，轻灵间，幻化出悠扬的波纹，扩散出湿润的气氛，就像是发生在飞天身上的事情一样，飘荡中自然带着水的形象，如清晨的风触碰了银铃的声响，随波而来。我想，如果没有气的升华，水的梦乡一定得不到如此的充实。而那缕青烟，当它从香炉中溜出来的那一刻，心里一定还怀恋着历史的沉思，带着殷人燃薪般的痴迷，朝向心思向往的去处，悄悄地升腾，在空寂的心灵中绵延出无限的遐想。于是，青烟如歌，吟唱回还，在喜悦中旋转凝练，勾画出一个又一个深刻的梦。慢慢地，看见飘袅烟碧分复合，轻韵绵绵绕梁棚，化作一片欢愉空中游。

青烟弥漫间生出各种各样纷繁复杂的意象，这让人不由得想起鲁迅先生的文章《好的故事》。书中写道："昏沉的夜。我闭了眼睛，向后一仰，靠在椅背上，捏着《初学记》的手搁在膝髁上。我在蒙眬中，看见一个好的故事。这故事很美丽，幽雅，有趣。许多美的人和美的事，错综起来像一天云锦，而且万颗奔星似的飞动着，同时又展开去，以至于无穷。"

对于文学家来说，一本《初学记》便可以触动想象的契机，忆起童年的河，幻想出诗意的情景。对于画家来说，想触动想象的神经并非难事，看汉画像石刻中的那条线，延伸、缠绕，生一缕云气，便可幻化出无数神奇的意象，花朵、游鱼、凤鸟，然后，凤鸟变成了狐狸，淘气的小孩子抓住了牛的尾巴，乃至于幻化成瑞兽、羽人……轻而易举，却又在意料之外。看超现实主义画家的大象长出了蚊子一般细长的腿，驮着印度的宫殿和巨大的城堡在海滩上漫步，柔软的钟表可以耷拉在枝杈上面，让坚硬的时间变得温柔。

一、想象最初的目的就是为了痛快

《格林童话》里有小红帽的故事，外婆被狼吃了，狼被猎人剖开了肚子，塞进石头，再缝合上，然后扔到了井里。商周青铜器物上的饕餮是一个食人未咽的怪兽形象。莫高窟第254窟中有《萨埵太子本生图》，讲述了佛在前世为人时，为救一只因产子而饥饿濒死的母虎而舍身饲虎的故事。其中有王子为了诱发老虎的兽性，让它有力气吃自己，而刺破自己的身体，流出血来的情节。画面中一系列锋利的锯齿形彼此倾轧，给人以极

敦煌莫高窟254窟
萨埵太子本生图

度危险的感觉，而痉挛似的、颤抖的线条也在诉说着痛苦的感受，古代的画匠们几乎是带着一种嗜血的本能来表现这血腥的场景。

老虎吃人，这种情境如果出现在宗教艺术中，我们可以理解为是一种狂热的宗教心理在起作用，也可以理解为人们不甘于现实的无奈，而臆想的一种非理性的抗争，希望在想象的情境中，补偿因自身的存在感缺失而带来的痛苦。当想象以欲望作为动力而发生的时候，伴随着激烈的视觉形象的冲击，便会给人带来一种痛快的释放感。

这种旨在满足欲念的释放的想象，就像儿童涂鸦一样，僵尸、怪兽、恶魔之类让人捉摸不定，它们并不是真实的存在，之所以会出现在绘画中，仅仅是为了跳离现实，肆意地胡思乱想一把。甚至在一些男孩子的想象中还会有暴力血腥的场景，在他人眼里，这样的想象显得任性而不可理喻，但对于那个正在幻想的小男孩来说，除了追求痛快的感觉，别无他意。他们并不计划把想象中的情节转移到现实中，就像是不会把动画片里的桥段当真一样。而且，随着心智的成长，小孩子终究会放弃这种原始的想象，转而朝向更具创造力的想象活动，因为如果想象只停留在满足欲念的层面，仅仅是为了满足痛快的感觉，那么这样的想象一定无法延伸出愉悦的生命体验，也无法上升为真实的美感。

所以，虽然想象的发生一定源于渴望之情，但是，想象需要以美为导向，否则它便会陷入无穷无尽的荒诞之中。

二、艺术的想象源于渴望，忠于心愿

我们羡慕艺术家仰望星空的想象，希望自己也能沉浸于美好的想象中，而不仅仅是胡思乱想。因为如果没有完美的想象作为指导，我们就无法克服生活中的种种感官欲望，也无法获得真正有价值的美感。

《萨埵太子本生图》中太子的形象，安详、平静、线条舒展，像是在描绘嗜睡的人伸懒腰，他占据了画面的一部分，却仿佛置身其外一般，让我们的同情心可以卷入故事的情节中，于是，线条、色彩和造型一并引导着我们的目光，向上升华，而在画面的上部，是一个神灵的世界，白色的箭头明确地指向了那白色的佛塔。整个画面从右侧边上王子的脚开始，沿着一个长长的弧线起来，又顺着老虎的背下去，跌宕起伏，随着飞天乐伎的舞动，那些被画作箭头状的飘带指向了光明的地方。这样的形象和构图深深地触动着我们的视觉神经，恍惚间有了脱胎换骨的渴望。

虽然儿童绘画或宗教绘画中的想象往往有悖常理，但是，当心灵看见了美好，人们便不会再指责想象的情境如此荒谬，而是会就此唤醒自己内在的同情心和向善的心理，进入人文关怀的情境中。无论美丑、可爱与否，当想象中的形象有能量注入我们的心灵，便会与我们内在的渴望，我们的良知融合在一起，继而朝着更美好的结果敞开心怀。

李白的诗"云想衣裳花想容"，由天上的云想到身上的衣，由花的鲜艳想到美丽的容颜。在想象激活的丰富的心灵中，绵延着一种渴望，渴望从现实的不安中超越出来，获得愉悦、安心、满足的感觉。这样的想象让我们超越了个人感觉的局限，焕发出吸纳新事物的热情，恣意地想象可上九天揽月，可与鲲鹏偕行，而丝毫不需要顾虑，在想象意识流淌的过程中，是否会触及现实的逆鳞。

向美的心灵一定不会让自己的想象变得疯狂，而是会在渴望完美的心路上，被想象的情境温柔推动，完成对自我的善化。

三、想象是一个既普通又离奇的现象

看这幅《金莲花》，是法国象征主义画家奥迪隆·雷东（Odilon Redon）的作品，它给人一种梦境般的陶醉感。画面的中心仿佛有一只飘浮的眼珠，正透过画心向外张望，带着超现实世界的想象，凝视着谜一般的大自然。它让我联想到雷东早期绘画作品中那些离奇的、梦幻的形象：夜空中同月亮一起闪亮的眼睛、在卵中孵化出来的诗人、西西里岛的独眼巨人、吞噬生灵的怪蛇、展开双翼的马等。

这只超现实的眼睛，它在大自然中看到了什么呢？会不会是仲夏夜临

近前的序曲？金莲花扬起了头，花朵和枝叶饱含着喜悦之情，得意地摇摆。还有一个又一个绿色和橘色的圆，就像是小男孩和小女孩的符号一般，一晃一晃地簇拥在一起成长。看此刻，它们正伴着流水的声音，蹦蹦跶跶、叮叮咚咚地创造着神秘的曲调。熙熙攘攘的喧嚣惊扰了画中心无知的眼眸，引来了诧异的眼神。

在欧洲现代派画家中，雷东几乎被看作是最善于借用色彩激活想象的画家，他像一名伟大而神秘的作曲家一样，凭借绚丽而富于戏剧性的色彩，创造出许多离奇的、梦幻的形象，就像陷入想象情境中的孩童一般，栖居于世外桃源的梦中，凭着想象，在那一片姹紫嫣红的幻彩世界中，进行着假扮冒险的游戏。

想象让人可以从现实的局促中解脱出来，获得心灵愉悦的体验，也可以通过自我情感的带入，进入一种超然的状态。就像我们看到满天的星星而引发深深的好奇一样，夜幕上的点点画画，编织出光闪闪的梦境，心思不由得随着群星延伸，春蚕吐丝般，绵延出柔滑的线条，恍惚间看见有巨大的动物从天边走出来，朝着夜的深处走去。当然，我们也可以把它们想象成微小的流萤，在幽蓝的牧场上悠然自得，伴随着夜莺的鸣叫，闪现出一串串晶莹的光点，点亮一个又一个非凡的意象。

仰望繁星密布的夜空，蕴藏在我们心中的那本书便敞开了，看那些沉默的文字，在寂静中重新起舞。我们可以轻而易举地从一条简单的弧线或者一个随机的图形开始，循着自己对线条与图形的最初的感觉，构造出各种离奇的意象：白羊、金牛、巨蟹、天蝎、猎户、仙女，乃至紫微、宫阙、二十八星宿等，继而让想象在心中涌动，就像先民都会基于自身的生活经验，对星空展开遐想一样，那些幻想出来的线条与图形丝毫不会扭曲人们对现实世界的认知；相反，它们会愈发牢固地在客观与心理世界之间建立连接，激起人们超越现实的勇气，去探索蕴含在现象背后的更普遍的规律。

四、在想象的世界里，你我就是造物主

达·芬奇说，如果人们把一个用颜色浸透的海绵抛向墙面，看着那些色块，就会产生一种催眠的作用，色块引动了许多图形，这些图形使人们储藏在心里的意象清晰起来。如果人们能在这样的色块或云彩、流动的锈斑中找到灵感，如果人们可以记得其中的一些形态，就会发现某些令人赞叹的创造，墙上的斑点、壁炉中的炭火、浮云、溪流，画家可以充分利用这些去构架光荣的想象。

超现实主义画家马克斯·恩斯特受达·芬奇的创作观念的启示，发明了"摩擦"画法。他宣称自己可以将现实的场景与梦境中的物体交织在一起，创造出一个多变的、彩色的虚幻世界。

"摩擦"画法源自恩斯特的一次偶遇。据说，在一个海边旅馆里，桃花木地板上的刮痕和深深浅浅的凹槽，激活了恩斯特的幻觉，他眼前浮现出很多幻想的角色。于是，他随意在地板上放了一张纸，用黑色的铅笔摩擦、拓印，浓淡交错的痕迹唤起了一个个意想不到的联想，形成了一张张类似素描的拓印画。他说自己仿佛看见交叠的回忆和幻想连串地出现，"我的好奇心萌发了，眼睛里发现了人头、动物、风的新娘、石头、海与雨、地震，在马厩里的狮身人面兽、围绕着地球的小桌子、结了冰的花朵、南美的大草原"。硕大的眼睛转移变形，似乎在暗示有山崖、大海与

马克斯·恩斯特
《仙女回声》

第五章 氤氲成象之美

地震,鸟首人身的怪兽就藏在黎明的大自然里。

　　反复地皴擦、拓画出高低不平的质感,自然的精灵在梦中睁开了眼睛。看黎明的大自然里,有河流泛滥之后的植物和绿色墨水书写的植物学;丛林里面,有歌唱的叶簇,有藤蔓的雕塑,它们犹如大树的语言,站在森林的肩头,纯净的额头显现出绿色的印记,在重新萌芽的树木身体上,那些发亮的、斑驳的绿色星星,仿佛草茎的牙齿,争抢着被墨水滋养,将自己最隐秘的愿望变成了公开的戏剧。

　　随着生命的成长,会有越来越多的生命经验和曾经的记忆参与到我们

对世界的遐想中，就像一个小孩子充满喜悦地把玩着自己的玩具，想象着它可以和自己玩过家家的游戏。当我们面对生活中点点滴滴偶然的情境，一个水渍、一朵云彩、一缕阳光……意识便会透过这些偶然的契机生长出来，在现实与幻想的彼此碰撞中，不经意间便会有美的意象光顾我们的心灵。

五、看想象和设想相伴而生的美

原始艺术的想象虽然内容荒诞不经，但是完整、有关联性。看庙底沟文化时期的彩绘龙纹陶盘，其中的龙身体呈蜷曲状，头部靠近盘沿，尾部靠近盘心，口吐长信，身有鳞甲，像蛇却有双耳，嘴里还有锋利的牙齿。它既保留了龙或者蛇的特征，又符合图形的结构。

先民们创造这种图形，并不是为了游戏，而是根据自然规律，有目的地构造。他们相信如果一个东西被赋予了不一样的形态，便会产生不一样的能力，比如鸟有翅膀能飞，鱼有鳍能游，四足的动物能跑，人类也可以通过赋予某个形象以特定的图式，使之具备与神灵合二为一的能量。比如，夏天里最活跃热闹的是鸟雀，先民们便将朱雀视为夏季之神，在五行中主火，在方位中主南方，并且赋予朱雀以丰富的象征意味，说它的体态，左右对称，可以主权衡；说它的喙，形似柳叶，可以生发草木；说它的头眼，好似天目，即便在晦暗的黑夜也可以看得见；说它的脖颈，修长昂扬，可以张罗紧急的事情；说它的嗉囊，饱满充盈，似厨仓，可以款待客人；说它的羽翼，总是张开的，像是在欢迎远方的客人；说它腹部浑圆紧实，似车轸，可以长途迁徙，往复不息。

第五章 氤氲成象之美

河南南阳汉画像砖 朱雀图

关于朱雀造型，先民将其比附于星宿，《太平御览卷五十九·乐部十七》中这样记载："南方朱雀，为乐之主也，五分其身，以三为上，以二为下，三天两地之义也。上广下狭，尊卑之象也。……轸圆，象阳转而不穷也。"朱雀为音乐之主，按五等分算，上身占三分，腿足占二分，象征着三天两地的仪轨；上身宽，下足窄，象征着上尊下卑的礼制；胸腹浑圆，象征着阴阳太极，周行不息地运转。在汉代的画像砖上，我们看到了这样制式的朱雀纹样：整体上呈现展翅欲飞的姿态，上身与下肢严格地遵循3∶2的比例关系，一条从头颈贯穿到爪尖的线条，法度严谨，膨起处似金钩，收勒处如铁杵，如圆就范，回转腾达，将朱雀挺拔优雅的神情气质表现得淋漓尽致。

通过想象，借可见的图式将自己对自然规律的理解呈现出来。这样的设想虽然并不科学，但是，却激活了先民的关联性思维活动，将理性的设想与自在的想象渗透在了一起，由此延展出丰富的审美意象。

民间剪纸《抓髻娃娃》

六、通过想象来充实关于自我的知识

想象源于原始先民对自然的崇拜，也源于对自我存在感的关切。

在黄土高原上，"抓髻娃娃"被看作生命之神与繁衍的象征。抓髻娃娃造型的基本特征是，正面站立，两肩平张，两臂下垂或上举，两腿分开，手足皆外撇。女性抓髻娃娃，头梳双髻，戴花冠，手中抓鸡，或者抓鱼、举莲；男性抓髻娃娃多为圆头，或戴圆形尖顶帽，腹部装饰象征男性的牡丹、云纹等图案。

抓髻娃娃的造型，可以追溯到远古的神话人物女娲，被视作先民生命意识觉醒的象征，是真切的生命感受焕发出来的想象，就像先民将图腾当作自己的亲属、祖先或保护神一般，想象一个有人格的神拥有超自然的力量，可以保护自己，给予自己力量。它虽然不似诗人对幽谷兰、傲霜梅的想象那么高雅，也不如古希腊关于维纳斯在海洋泡沫中诞生的想象那么浪漫，却深刻地触动了先民对自我生命的关怀。求生、繁衍、辟邪、安魂，祈盼生命绵延，当想象伴随着自我知识的充实而发生的时候，便不仅仅是对外在世界的设想，更有了观照内在精神的内容。

南方有一种花，叫洛神花，染色力极强，只需几瓣，就可以泡出一整杯通红的茶。据说它的花名，

第五章　氤氲成象之美

东晋　顾恺之《洛神赋》唐摹本（局部）

来自远古神话中的洛神。传说伏羲氏的女儿宓妃嫁给洛伯为妻，这引起了河伯的嫉恨，于是河伯举兵攻打洛伯部落，结果洛伯战死，宓妃投河，化为洛水之神。三国诗人曹植在他的《洛神赋》中描写洛神的模样："远而望之，皎若太阳升朝霞；迫而察之，灼若芙蕖出渌波。"诗中对洛神如朝霞、如渌波的描写，与洛神花花开时节的情境颇为相似，鲜红的花托、细长的花萼，仿佛一丛丛燃烧的战火，而那或白色或粉色的花瓣，娇艳如水滴，修长的叶片摇曳如绿波随风。

虽然洛神不是一朵花，一朵花也成不了洛神，但是洛神花花萼似火，色泽如血，花苞如泪的形象唤起了我们对洛神的想象，触动了我们关于不屈的生命精神的遐想，而在这样的想象中，我们的生命精神也不自觉地激昂了起来。

夏加尔《圣保罗天空中的太阳》

七、想象为书，梦为马，看飞在空中的美

大家都做过梦，梦境有很多种，有的梦色彩斑斓，有的梦色彩单一，有些梦稀奇古怪，充满幻想，有些梦则是记忆世界的延展，各种各样。梦虽然离奇，却往往是我们内心感受的真实写照。因为在梦中，我们可以睁开潜意识的眼睛，看到不声不响的现实世界下面涌动着不一样的感觉。

在绘画领域，有很多画家喜欢画梦，比如中国的吴道子、西班牙的达利、法国的卢梭、俄罗斯的夏加尔等，他们都是善于想象，善于画梦的高手。吴道子的梦里神鬼多，达利的梦里奇幻多，卢梭的梦里丛林多，而夏加尔的梦里往事多。

在这些画家中，我比较喜欢马克·夏加尔（Marc Chagall）的梦，因为他画的梦，与生活有密切的联系，感觉画家就生活在梦中，白日里也可

以如梦境一般，唤醒自己对过往的回忆，很真实，又因为都是出现在梦里的情境，所以有一点奇幻感。

在夏加尔的梦中，平时沉默的动物们都睁开了眼睛，画家自己也像乘上热气球一样，飞上屋顶，跨过小镇，轻松地在空中追逐自我；可以随着绿色小提琴奏出的音调，翩翩起舞；还可以骑上小时候喜欢的大公鸡奔跑。这种奇妙的感受被画在画布上，让人感觉好像进入了一个充满情感的奇幻世界一般。

进入夏加尔的梦里，我们好像看到了一个小男孩的故乡，在俄罗斯北方偏远的小镇上，积雪的长夜里，安静的小镇进入了梦乡，小男孩用他全部的想象和仅有的红黄蓝三色的彩笔，画着自己的梦。夜的精灵穿着白雪的长裙，骑着她的大红马，腾空而起。那大红马的眼睛那么亲切，似乎在默默地询问："小朋友，红色是不是会让你感觉到温暖？"明亮的烛火可以照亮夜空，让整个寒冷的小镇换上新装。

在夏加尔的梦里，房子是平静的，人是平静的，就连那些在梦中醒来的动物，它们的眼神也是平静的。人们来到小镇广场的中央，殿堂的旁边正在举办婚礼，听绿色小提琴送来祝福的歌声，遥远的天使和独角兽默默地微笑着，在这大雪覆盖的长夜里，太阳就守在地平线上，长久地不愿意落下去。大红马有着炽热的红色，绿色的牛是飞翔的天使，白色的羊和金色的鸟眨着眼睛，和善地朝这边张望，看优雅、顺滑的曲线划过冰封的大地，向往自由的热情扫过阴冷的城市。

小男孩安安静静地画着，就像文学家在创作动物寓言一般，他想象着自己可以获得超凡的能力，可以在梦中睁开眼睛，透过动物的眼神，透过动物的心灵，在现实与回忆之间随意穿梭。

真挚的情感激活了艺术家联想与想象的能力，为他的世界染上不一样的色调。同样，当他以充沛的情感将充满爱意的目光投向这个世界的时候，他所感受到的美也是超凡脱俗的。

夏加尔在自己的梦里，回忆着过往，心醉神迷地飘浮在空中，游荡在华丽的城市里，也眺望着遥远的故乡的上空。童年记忆中的那些动物一个个地出现在他的梦境里，出现在他的画面上，它们是生命的精灵，代人受罚，教人反思，长出翅膀，飞上天空，点亮了漫长的没有光亮的夜。而它们的眼睛就是潜藏在画家内心深处的良知，是善的象征，时刻温暖着人心。

八、有无限可能性的世界是美的

有人问毕加索："为什么在你的壁画《和平》上，鱼在鸟笼子里，鸟反而在鱼缸里呢？"毕加索回答说："这是对无限可能性的一种肯定。"

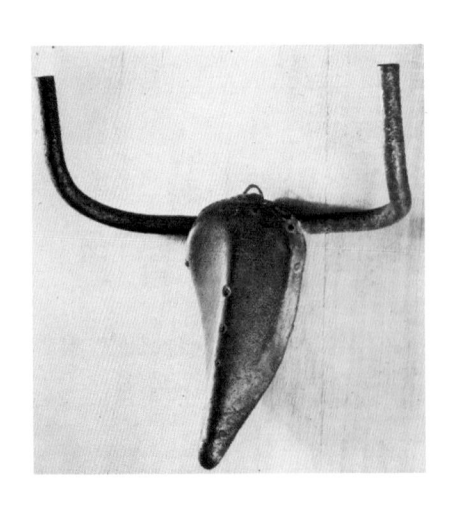

毕加索相信有无限可能性，他甚至以此为观念展开创作。他把自己"用单车把手和坐垫做了一个牛头"的作品称为"寻获物"，不过，他觉得这个作品的变形还没有被全部完成，还需要进一步，"假设我的牛头丢在一堆废物中，也许有一天会有人来说：'啊！有一样东西，做我的单车的把手，会非常

第五章 氤氲成象之美

马格利特《比利牛斯的城堡》

就手……'这样双向的变形就达成了。"

当艺术家跳离固定的功能性连接，将看上去不可改变的联系解构打散，让固定的因果律重新回到不确定性的状态中的时候，创造的可能性就被彻底激活了。

立体派画家勃拉克也这样思考他的创作，他说："有一次我开的车刹车不太灵，车在一个小山顶上停住，我吓坏了，便四下寻找可以防止车滑冲下去的东西。我看到一些石头，便拿起一块充作轮障。从石头变成轮障，这是个诗一般奇妙的转化。别人以后将它变成什么，它就成什么，只是我不知道罢了。"

超越固定的连接模式，让想象力自由地展开，这样的信念也激励了其他艺术家。在超现实主义画家雷内·马格利特（René Magritte）的作品中，我们看到石头在燃烧，交搓的手指头变成了干枯的荆棘，硕大的岩石像云朵一样飘浮在空中，陡峭的山崖呈现出飞鸟的姿态。马格利特通过交换、对立的手法，将这些风马牛不相及的事物，以人们意想不到的方式勾连在了一起，颠覆了人们对于现实世界的习惯性的视觉经验。树和树叶、风景和画面、鞋和脚、天空和鸟，这些在习惯经验中连接在一起的意象，在他的绘画中被重新定义，就像是突然间被一个梦袭扰，打乱了日常一成不变的生活，给人以荒谬的感觉和异样的心理感受。

虽然这样的想象通常仅仅被看作是人类谬误的心理经历，但是，没有对谬误的纠正，就没有真理，想象力的价值正在于它对无限的可能性是一种肯定。虽然对于已有的经验来说，改变事物惯常的状态，给人以"断裂"的感觉。但是，这样的"断裂"在人类想象思维发展的过程中却频繁地发挥作用，让人们可以从每一处变动中获得新的统一的意象。那些在我们看来完全是非逻辑的胡思乱想，在想象的世界里却是有序的、完整的，即使是随意地揉搓在了一起，其中依然包含着缜密的联想和某种秩序的意义。

就像一个小孩子拿着羽毛当风帆，也可以当令箭，还可以当飞船，当羽毛逃离了它原本的条件结构，显得荒谬的时候，便生出了无限的可能性。而这样的想象力，让拥有它的人变得幽默、有趣，变得可以与现实保持生机勃勃的互动关系。

小结

完美的想象不仅仅是为了满足感官的惊奇，更是为了朝向一个更完美的世界，渴望在想象中获得满足。想象的动力来源于我们坚信这个世界是可以被解释的，可以被探索发现的，即便想象的内容是荒诞不经的，但是充满了趣味，潜藏着整体的关联性，而美就蕴含在其中。这很重要，因为当我们希望通过想象窥见人与自然休戚与共的真相的时候，心灵也就会随之活跃起来。

第六章

个性显现之美

― 窗前的那棵树是美的,它生长在自己的土地上,
姿态美好地独自站立。

　　唐代佛教天台宗有个和尚唤作湛然,被尊为九祖,写了一本书,名为《金刚錍》,书中强调无情之物也有佛性。金刚錍是古代印度医师医治眼翳的工具,以此为书名寓意只有去除眼翳,才能悟到众生平等的真谛,也就是说,一切真实存在着的生命都有灵魂!
　　这样的观念与我们通常的想法显然相去甚远,在我们一般人的认知中,只有理性的人是有灵魂的,其他事物没有灵魂。或者只有人的灵魂是高级的,动物乃至于植物即便有灵魂也是低级的,甚至是可以忽略不计的。因此在我们心里,践踏一片草地不关乎情感;踩死一只蚂蚁比杀一只鸡的罪过要小一点;而吃鱼虾肉要比吃牛羊肉更仁慈一点,只有儿童和那些幼稚的人才会认为花花草草有灵魂,才会认为动物的灵魂和人的灵魂没有大小之别。
　　对于灵魂大小的问题,艺术家怎么看呢?看看八大山人笔下的鸟,大都呆萌可爱,茫然地朝天而望,那种孤寂的眼神,呈现的是眼中无人、

唐 佚名 《百马图》（局部）

心中无事的清高之态。再看陈老莲画中的蝴蝶，像是画家的知己一样，飞舞轻盈，鲜艳的、诱人的色彩和奇异的花纹，似乎带着全部的爱意和生命的欲望，在花间徘徊。毕加索笔下的公牛，无论体形庞大、气势雄壮，还是笔画寥寥，从它充满悲伤的眼神中，我们可以看得出，它的灵魂并不比斗牛士的灵魂卑微。

画家一旦透视到万物的灵魂，便如同穿越回童年一般，就像打开了自己的"精灵之眼"，看到天地有情，万物灵动，与之相伴的是自己的个性也一并张扬起来。

一、看到真正有生命力的东西

《庄子·秋水》中有知鱼之乐的故事，说庄子与惠子在濠水桥上游玩，庄子说："鲦鱼在河水中游得很从容，这鱼一定很快乐。"惠子说："你不是鱼，怎么知道鱼快乐呢？"庄子道："你不是我，怎么知道我不知道鱼快乐呢？"惠子道："我不是你，所以不了解你；你不是鱼，所以

第六章 个性显现之美

弗朗兹·马尔克
《小蓝马》

你也不会了解鱼,这不很合理吗?"庄子回道:"我们还是回到原初上来说。你问我怎么知道鱼儿的快乐,这说明你已经承认我知道鱼的快乐,才会问我怎么知道的。那么我告诉你,我是在游玩于濠上的时候,知道鱼是快乐的。"

游于濠上的庄子,并不是此刻和惠子论争的庄子,游于濠上时,庄子的生命情态与游于水中的鱼一般,感觉自由从容,相似的境遇让他跟鱼有了共通感,而庄子的心情也在他所见的鱼的情态中得以显现。

在看待动物方面,与庄子的观点相似的画家是德国画家弗朗兹·马尔克(Franz Marc)。他同样在好奇:"一匹马,一只鹰,鸽子或狗,它们怎么看世界?"在马尔克眼里,动物是大自然的生命和活力,也是人与自然和谐相处的象征,动物的自然生命之美能够激起人心中真挚善良的感觉。他设想自己能通过动物的眼睛观察大自然,动物像舞台剧的主角一样,凭着自己的个性去表现,在观众的心中活起来。这样的观念让马尔克画的动物在美术史上占有了一席之地。

正因如此,马尔克鄙视那些描摹动物的样子和皮毛的人,说他们只会用看猎物一样的眼光审视动物,以动物艺术化的名义装腔作势,其实都是些虚伪的人。马尔克认为自己的工作恰恰相反,他追求的不

是在表面上画一只动物，而是真正的表现。他要把艺术动物化，以亲身的动觉，体验动物内在的气质，就像是把自己的灵魂嵌入动物的心中，让动物的灵魂真正得以显现。

所以，马尔克在画动物的时候，会努力放下自己的喜好，去理解动物想炫耀什么，去想象动物认为自己哪里美。这匹小马，它或许会觉得自己特别强壮，因此，它挺直地站着，身上的肌肉绷得很紧，连屁股上的线条都像是吹足了气的皮球一样浑圆饱满。它虽然还是一匹小马的模样，但是它用自己的姿态告诉人们："我站得很稳，是一匹顶天立地的骏马。"

马尔克告诉人们，不能像在动物园里那样去看动物，因为那里的动物已经被关在笼子里很久了，没有生命力。我们看到的仅仅是我们自己喜欢的东西，看到豹子的花纹好看，看到鳄鱼的皮结实，却没有看到它们真正有生命力的东西。

二、透过动物的外形特征看到自我个性的美

在中国传统绘画艺术中，以鱼为题材的绘画作品颇多，其画中的寓意大多和鱼自身所具备的习性相关。我们不妨来观察一下日常所见的鱼，看

第六章 个性显现之美

宋 刘寀《落花游鱼图》

从它们身上能延伸出什么样的美感。

据说，鱼善忘，所以生性乐观。汉乐府曰："鱼戏莲叶间。鱼戏莲叶东，鱼戏莲叶西。鱼戏莲叶南，鱼戏莲叶北。"围着一片莲叶转，如此单调的游戏，却可以让鱼欣然其间，乐此不疲，就像青花瓷盘上的纹样一般，回环往复，线条给人以连贯而流畅的感觉。如果你就此认为鱼的性格是安静的，那就大错特错了。虽然在静谧的水里，鱼是谦卑的、柔顺的，但是，如果进入湍急的河流中，鱼便会瞬间激动起来，不管不顾地逆流而上，贴着河面，掠过，冲破水浪，划出一道滑溜溜的轨道。如果遇到拥挤的浪头、瀑布，它便赶上去，忘乎所以地跳跃，即便被水浪高高地举起，又重重地摔落，反反复复，只要没有迸裂，转个弯儿，依然要奋力游上去。让我们这些旁观者不免好奇，这是一个多么神奇的灵魂，小小的躯体里藏着一股专横的力量。在它面前，再湍急的河流，哪怕如黄河壶口瀑布一般，有万马奔腾之势，对它来说也仅仅是个衬托，或高或低的背景音乐，阻挡不了它释放自己自由的灵魂，就像一个个性鲜明而有思想的人。它仁慈，但也凶猛，即便生性快乐，但从来不放弃逆流而上的勇气。

在不同个性的人眼里，鱼的性格不尽相同，而不同情形的鱼也为不同个性的人提供了不尽相同的欣赏角度。有人喜欢鱼的灵动，有人喜欢鱼的

执着，有人喜欢鱼的自由……同时，鱼的外形及行为特征也引发了人们对自我生命感受的反思。它们有的看上去普普通通，有的看上去光彩照人，有的方头不劣，有的幼稚调皮，有的慢条斯理，有的狡猾老练。在观看的过程中，不同形态特征的鱼为我们富有寓意的描述提供了材料，而我们也不免会伴随着思维活动的延展，将自身的好恶投射到鱼的身上。

所谓"惟其有之，是以似之"。事实上，我们对动物的观看，总伴随着自我认知的内容。我们对各种形态的鱼的不同反应，折射着我们自身的生命气质。或者说，正因为我们自身或隐或显地拥有相似品质，对这些品质有好恶之别，所以才能从动物身上识别出类似的品质，并对它们做出或贬或褒的品评，乃至于基于自我的角度扬弃之、仿效之。

仁者爱人，礼者敬人，在我们所喜爱的动物外形特征中也折射着我们每个人自己的个性特点。

三、个性美在动作与情态中显现

《诗经·小雅·鹿鸣》有"呦呦鹿鸣，食野之苹。我有嘉宾，鼓瑟吹笙。吹笙鼓簧，承筐是将。人之好我，示我周行"的诗句，以鹿鸣起兴，借鹿之温良喻"人之好我"，其中呈

南阳汉画像石
羊图

第六章 个性显现之美

现的温良恭顺的爱人、敬人之道，值得赞美。

鹿，皮毛的花纹漂亮，体型修长，天性温柔、机敏、善良。古人以鹿寓意女性之美，清代石刻《鹿纹》中的鹿，做抬头向上仰视之状，面容温和，头部刻画简洁，只突出眼神的温柔。鹿背部的线条饱满，腹部的线条柔软，两条线之间形成一个柔和的曲面，顺着脖颈延伸到鹿的背部至臀部微微收紧，给人以温顺的感觉。鹿身上斑纹顺滑，以光滑的小弧线顺序排列而成，均匀而有节奏，使鹿的形象显得更加温顺。鹿腿虽然细，但线条的走势却自带筋骨感，不失活泼的感觉。前脚微微抬起，欲行又止，极好地表现出鹿谨慎怯弱的瞬间情态。

欧阳修说："天地之心见乎动。"当一只动物以其惯常的运动状态出现的时候，最容易显现其本然的个性，就像人一样，只有沉浸于日常的生活，本真的性格才会以最真实的状态显现。

再来看河南南阳唐河出土的这款汉画像石中的羊纹，其腰身细长精炼，脖颈有力，前蹄一只抬起，向前呈跨越状，一只点地，轻盈地起跳，将我们的视线吸引到向前探出的方向上，后肢一蹄蹬，一蹄跃，运动节奏富有弹性。古代的工匠似乎在刻意用线条表现这只山羊的敏捷，画面上弯曲联动的曲线，好似在表现它从远处一路跑来，蹦跳得轻盈可爱，四肢柔

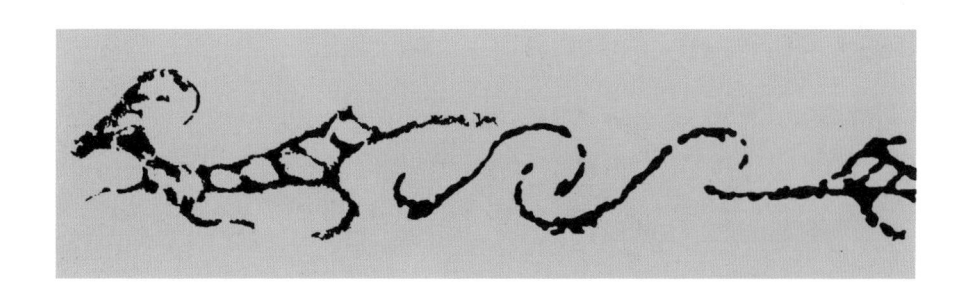

软弯曲的线条表现出它的愉悦，而面部、背部两条饱满的弧线，使人完全置身于其轻盈敏捷的动觉体验中。

　　当我们观看这幅表现羊跃动的图画的时候，脑海中不自觉地浮现出自己开心时的运动状态，把自身关于方向、速度、节奏之类的动作情态与之进行比照。所以，虽然相对于能够如照片一般再现羊的结构、皮毛的绘画，它几乎谈不上什么技巧，甚至我们只能通过那寥寥几根线条的组合，猜测它表现的是一只羊，但是，当羊的形象特征被简化到极致的时候，它的运动姿态却愈发清晰起来。我们变得不那么关注一只羊看上去应该是什么模样，而是透过线条表现的力度和速度，寻找轻盈跳跃的愉悦感。

　　于是，超越了具体形象的线条具有了独立的审美价值，甚至这起伏婉转的线条具有了与抽象概念建立连接的能力，即便我们用这样的线条描绘别的事物，同样可以表现出愉悦、轻盈的气质。

四、动物形象可以用来隐喻人的个性

弗朗兹·马尔克的作品《蓝马》，画面中色彩辉煌的蓝马和红色的山丘形成鲜明的对比，马的侧影是饱满的曲线，和坚实的连绵的山形成同构关系，应和着"半卷红旗临易水，霜重鼓寒声不起"的慨叹，宁静中似乎有一种蓄势待发的力量在积聚。饱满的弧线、极简的几何形、纯粹的色彩，不仅触动了我们的视觉，也唤起了我们自身的动觉经验，就像我们用正直、圆滑、八面玲珑、外圆内方的意象来形容人的性格一样。

马尔克以各种简洁的几何图形的组合，来揭示马的精神世界，他兴奋地向朋友们宣布："我找到了纯粹的抽象图形，它们可以在精神里，把万物完美地表现出来。"

在马尔克的眼里，马是男孩子，有男孩子的气概、魄力和勇气，坚强而充满活力。所以，我们看到他画的战马有最有力量的形状，比如《蓝马之塔》中的马，身体、脖子和头组合在一起形成的弧形，充满向上的力量，就像一个劲头十足的人，清晨起来，浑身是力气，有一种阳光在心、舍我其谁的感觉。马头向前，朝向远方，马的身体像个蓝色透明的结晶体，有五光十色的块面，放射出炫目的灿烂光辉，给人的感觉就像是天边的马，翻过了重重蓝色的山。周围土红色的大地异常鲜艳，背景上有象征光明的浅黄色，让人感觉心潮澎湃。

马尔克把马画得充满朝气，也把马画得充满情感。这匹低着头的马，它拖着疲惫的身体，独步荒岭。它曾经一定是一匹擅长奔跑的马、一匹驰骋沙场的战马，了解饥饿，享受寂寞。但是此刻，棱角分明的山丘、几何形的丛林，还有犀利寒冷的月光，仿佛是它内心的写照。层层叠叠挤压在一起的三角形和菱形,具有障碍物似的结构特性,既阻碍了马的运动,将其困在其中,形成起伏跌宕的态势,又似乎是在诉说它金戈铁马的往昔。

马尔克理解战马的苦,也同情它们的累,它们需要休憩,需要安详,安详是饱满的弧线,像孩子的摇篮,把马儿包裹在一个整体的世界里。我们好像能听到它们打盹的声音,随着马的呼吸,闭上双眼,感受到周围寂静的气息。马尔克努力用自己真挚的眼睛看世界,他与动物的世界似乎有了一种相知的感觉,相互观看,相互了解。

当马尔克用诸如点、线、圆形、方形等来表现动物的外形特征的时候,他的表现手法就有了指代个性气质的意义。而马就是他自我个性气质的外化,他为马披上蓝色的外衣,既是在表现马的坚强和蕴含的力量,也是马尔克自己个性气质的一种显现。

可以说,马尔克对马的精神气质的表现,不仅仅源于他对马的外形特征及其行为的观察,也来源于对自我意志的内省。当他把马这样一种动物放在自己的内心思量的时候,

脑海中也唤起了对自我生命精神的向往，恰在此时，他看见那蓝色的马正昂首朝向艳阳的天。

五、抽出那条寓意着个性美的线条

在传统新年的各种装饰中，鱼和莲的纹样最为常见，也必不可少，寓意着"连年有余"，幸福如意。鱼戏莲的组合，何以象征美好呢？我想除了"鱼"和"莲"两个字有谐音之外，更重要的是通过对鱼和莲形象及生活习性的观察，激起了人们对善良和美好的想象。想象一下，鱼儿在莲叶间穿梭往来，轻盈游动，给人的直观感觉一定是从容自在的。鱼戏莲叶间所留下的运动轨迹就是鱼儿欢愉的表征。同样，在西班牙画家彼得·保罗·鲁本斯（Peter Paul Rubens）的作品《农民的舞蹈》中，即便我们看不清楚画中人物的表情，也不用追究人物的动态结构是否准确，单是从人

河南南阳汉画像砖 抵牛图

们手拉着手，围成圆圈跳舞，看那围绕着画心旋转的线条，就可以直观地感到欢乐的气息。

汉画像石刻中有很多斗兽图，包括斗牛、搏虎、格熊等，其中尤其以斗牛最为常见。对于汉代人来说，斗牛并不是一种被迫的自卫行为，而是一种主动的冒险和游戏，斗牛者通过激怒生性暴烈的公牛，与之相搏，以强力相持，来彰显自己蓬勃不凡的生命力。河南南阳出土的这方画像砖上的抵牛图，表现的便是公牛被激怒之后，以角抵人的情形。你看它蓄足了力气，曲颈挺角，向前抵撞，从尾部到肩背，一条弓形的线条，绷紧了，像是收紧了的钢筋弹簧一般，紧紧地压在一起，积蓄了巨大的动能，感觉只要它被轻微触碰，便会发出致命一击。它埋头向前，整个身躯向前压，背部的线条连贯，呈现出向前运动的趋势。在公牛巨大的体量作用下，给人的感觉，大山将倾，势不可当。这样的画面，虽然笔迹简约，却将公牛的力与势，以及斗牛者的勇武表现得淋漓尽致。

再看河南洛阳出土的汉画石刻《猎鹰图》，你看它的两只翅膀，直直

地拖在身后,像被强风吹得直挺挺的斗篷一样,一条条直线并排铺开,延伸向远方,向它飞奔的方向聚拢过去,给人势不可当之感。鹰的身体由几条长弧线构成,相互连接,紧凑地交织在一起,像闪电霹雳一般俯冲过去,将鹰捕猎时的翅疾如风、爪利如锥、孤注一掷表现得淋漓尽致。《诗经》曰:"维师尚文,时维鹰扬。"古人以鹰的图形作为战旗的标志,以此象征勇猛无畏的气概。画面通过强化鹰的动作、"霹雳掣电捎平冈"般的气势、简洁明了的线条与图形,让我们可以毫不费力地联想到冲锋者的形象。

本来,诸如欢乐、坚强、勇敢等关于精神气质的审美概念是抽象的,是不易凭空理解的,但是,有了直观的意象,我们就有了客观审视的对象,可以将表现动物形象的图形及运动特性的线条和自己的生命经验进行对照,或刚或柔,或急或缓,或轻或重,如此这般,个体生命的精神气质也就在这简练的线条中显现了出来。

六、属相和我们的审美有什么关系

在中国传统文化中,每个人都有属相,即所谓生肖。从童年开始,属相便与每个人建立了某种联系,每个人也会觉得自己在不同程度上受到了属相的塑造。

正如前文提及的,动物本身所具有的外形特征和生物习性具有指示性,当人们对它进行描述的时候,行为特点与性格相关的内容便被提炼出来,鼠的谨慎、牛的稳健、虎的勇敢、兔的温柔、龙的胆量、蛇的神秘、马的奔放、羊的敏感、猴的机智、狗的忠诚、猪的随性,逐渐成为人们用

来标示自己性格特点的符号，而这种自我认知一旦达成，就会伴随人的一生，成年之后依然不会消失。

以属鸡为例，鸡在传统文化中被赋予了文、武、仁、勇、信五种品德，头上有冠是文的象征，敌前敢斗是勇的象征，见食相呼是仁的象征，利爪搏距是武的象征，守夜不失时是信的象征。作为一种文化符号，对它的审美显然不会停留在概念层面，而是会落实在直观的视觉形象中，看鸡年生肖邮票上的公鸡，用几何形简化脖颈与身体的结构，给人一种简洁挺拔的感觉，把公鸡昂首回望的姿态画得惟妙惟肖。

我们可以看到，作为一个象征符号，张仃画的公鸡不仅画出了公鸡的外形，更是通过绘画手段，将这五种品德表现了出来。尾羽被画得华丽而挺拔，如勇士的战袍；锋芒外露的枯笔弧线，组合成几何形状，像一支支令旗，威武庄严；鸡的爪距被强化成锋利的三角形，武力十足，给人一种具有攻击性的力度感；鸡冠如火焰冲天，气势逼人。这样的造型，配合浓重的笔墨、木刻年画般的色彩，在产生强烈的装饰感的同时，也让图形的象征意味淋漓尽致地表现了出来。

想一想，文、武、仁、勇、信这些概念其实挺抽象的，如果没有一种可视化的形象，很难被真切地理解。但是有了具体的形象，就有了唤起知觉经验的途径，就像是提供了范例一样。

第六章 个性显现之美

明 吕纪《榴葵绶鸡图》

同样是描述鸡，有褒义的也就有贬义的，就像每个人的性格一样，有优点也就有缺点。成语故事《山梁雌雉》便提供了另一个角度的表达。

孔子与子路郊游于野，看见山梁上有几只野山鸡，正在悠然自得地饮水觅食。山鸡怕人，见有人来便腾空飞起，盘旋一阵，停到别的地方，继续饮水觅食。孔子感叹说："这几只母山鸡，很识时务啊！"子路在一旁恭敬地听着，频频点头，于是赶上前去，挥舞双臂，把山鸡轰跑了。[1]

这个故事描绘了两种不同世界冲突的情境。山鸡的世界是相机行事的功利世界，见人的态度不善，便立即飞去，盘旋一会儿又落下来，进退都合乎时宜。而子路的世界，则是忠诚守信的理念世界。联想到他最终在保护国君的战争中牺牲，明知赴死却义无反顾，他的生命轨迹与山鸡随物应机的生活形成了鲜明的对比。最终，两个世界之间的冲突，在子路的决断中落下了帷幕，"三嗅而作"表达出仁人志士不愿意让自我的生命精神在

---

[1] 《山梁雌雉》出自《论语·乡党》，历代注疏对其解读未尽其详，且尚有争议，本书的解读亦为一说，以飨读者。

山鸡般的生活中凋萎的意志。

以审美的姿态敞开通向自我认知的道路，对照动物的自然习性反省自我的精神意志被局狭之处，就像是在动物的身上照见了自己背光的影子一样，激励自我的生命精神克服重力的作用，一路升华。

七、生活于特定文化氛围中的群体面孔

从公鸡说到凤凰，出土于徐州地区汉代画像石中的凤凰造型，鸡头、蛇颈、燕颌、龟背、鱼尾，羽毛丰厚，具有典型的凤凰的形象特征。从整体上看，凤凰是静止的，一条腿垂直于地面而立，呈金鸡独立状，垂直的中线中正有力，取得了视觉上的稳定感。同时，翎羽飞扬，给人静中有动的优美感。从凤凰的脖颈、胸脯到腿及胫骨之间的连线完全贯通，从饱满的曲线到挺拔的直线，刚柔相济，很好地表现出凤凰气宇轩昂的气势。凤凰脖颈后面的两条飘带，被处理成直线的形状，进一步增强了凤凰朝向左上方昂首挺胸的气势。凤凰是人们想象中的百鸟之王，集中了多种鸟兽的特点，高大而瑰丽，被认为是神鸟，可以给人带来吉祥。《尔雅·释鸟》中说，凤凰脖颈细长如蛇，喙如鸡，颌如燕，背部隆起如龟，尾毛分叉如鱼，羽毛上布满五彩花纹。《山海经》中记载："凤凰，首文曰德，翼文曰义，背文曰礼，膺文曰仁，腹文曰信。是鸟也，饮食自然，自歌，自舞，见则天下安宁。"

在中国传统文化中，与凤凰的意象相应呈祥的是龙。同样，作为一种象征，龙具有非凡的能量，在天可腾云驾雾，下海可追波逐浪，在人间则呼风唤雨，有无比的神通，可以用来指代任何具有非凡价值的高贵事物。

第六章 个性显现之美

河南南阳汉画像砖
凤凰图

龙并不是现实中存在的动物，而是人们的一种想象，在对龙的象征意象的建构过程中，中国人赋予了龙以诸多的个性特征。比如，龙角似鹿、眼似兔、项似蛇、鳞似鱼、爪似鹰、掌似虎等，这些意象组合在一起，构造了一个喜水、好飞、通天、善变、征瑞、兆福的神兽形象，可以无翼而飞，自由地穿梭于天地之间。火的升腾符号、云气吉祥纹样，以及各种与祥瑞升腾的意象有关的视觉符号，也都融合在了龙的身上。

千百年来，中国人把龙凤视作一种固定的象征符号，乃至在现实中，当人们想到与升腾、超越、吉祥有关的意象的时候，自然会想到"龙凤"。比如，人们会用"龙飞凤舞"形容活跃的状态，用"人中龙凤"比喻英雄豪杰，用"望子成龙""望女成凤"表达对子女学业有成的希望等。"龙凤"自然而然成为激发中国人勇往直前、锐意进取的象征。

这或许就是一个民族的传统文化中最迷人的地方，当人们深刻地了解自身的文化传统，并将自己的思维置于其中的时候，面对那些历史上流传下来的动物形象与文化符号，迎面而来的并不是一张张陌生的面孔，而是久违了的自己。

小结

敞开心怀，看万物有情，在我们所见的自然中折射着自己的个性特点。这并不是因为我们对自然之物有所偏爱，而是因为就其自身而言，本来就具备了某种与人类的精神气魄相关的东西，或刚或柔，或急或缓，或冷或暖，犹如一条富有弹性的线条，可以自然而然地牵出储存在我们身体中的生命经验，将我们自己看到的形象与自身内部的经验匹配起来。自然万物如同一面被附上了金色光华的镜子，在激活我们头脑中的镜像神经元活力的同时，也将形而上的精神之光折射在了我们的身上。

第七章

心情愉悦之美

——
就在微微一笑的刹那间，人们即可领悟，
蕴藏在自己内心的美竟如此超凡脱俗。

在中国传统造像艺术中，最动人心魄的是菩萨的微笑，嘴唇微微合拢，嘴角上扬，带动着脸部肌肉与眼睛产生轻微变化，便让站在面前的人，如沐浴清泉一般，一下子有了内心澄澈、超越凡俗的感动。那微笑不是四处张望的向外索取，而是宁静的内观。

在人类的所有表情中，微笑给人的感觉最为轻松、从容，它向外可以抚慰人心，向内可以净化心灵。一个人无论是微笑着朝向世界，还是微笑着朝向自身，都会有一种放松的、一切都在意料之中的感觉，继而进入平静的情绪状态之中，自洽、舒适，自然而然地产生一种极好的感觉。因此，看似一个简简单单的微笑，其中却蕴含着人类关于美好心灵的全部憧憬。

在微笑的光晕照耀下，心情就像是笑对山花般，迎面而来的同样也是山花的微笑，内心自然生出无限的欢愉。我们甚至可以把微笑的意蕴视作打开传统造型艺术审美的一扇窗，透过它，我们能够洞悉传统造型艺术深刻的人文情怀。同样，如果我们能让微笑的光晕，在美育视野中显现，那一定会唤醒我们内心的愉悦，让审美经验变得生动而亲切。

一、美，起始于一种感同身受的同情

在一次画展上，我看见一位老人对着一张画哭泣。画的内容是一位老者坐在病床前，守护着他病重的老伴。而感动老人为之哭泣的原因，也正是画面内容唤起了他对老伴的思念，勾起了老人对于曾经的生活体验的回忆。

沉沦于日常生活的人们，面对生活的点滴，既有求而不得的痛苦，也有了无生趣的无聊，小到钱财得失，大到生命安危，面对现实的诉求有诸多的不如意，于是便生出焦虑与痛苦，不自觉地呈现出种种不安的情态。

欣赏表现主义画家鲁奥（Georges Rouault）的绘画作品，画中的人物大都有一个在现实生活中得不到安顿的灵魂。每个形象都像是从日常生活中截取来的，喜怒哀乐的情绪直接地、毫不掩饰地挂在脸上，看似夸张、荒诞，但也强烈、质朴。犹如被置于哈哈镜前一般，让旁观者看了哈哈大笑，笑到流泪，窒息，陡然间又深感不安，像是在寂静的夜里听见了一声痛苦的喊叫、一声哽咽的哭泣，让人不由得对画中的人物报以极大的同情。

这样的感觉，让我们对鲁奥笔下的人物投以更长久的关注。看那些沉沦于生活的情态、在世俗生活中挣扎的形象，每一个都似乎是一个不解的谜团，卑微、胆怯、不堪的模样，让人不由得为之感怀。

看善良的人，有着智慧的模样，翘起来的胡子，向上延展，弯弯的线

鲁奥作品

第七章 心情愉悦之美

刻画出笑眯眯的样子，眼睛透露出满满的善意，让人觉得他的智慧是从内心里生长出来的。

看装模作样的人，目空一切地抱着自己圆滚滚的大肚子，装作"达观"的模样，其实却是个贪得无厌的人。

看伪善的人，即便是穿上长袍，戴上王冠，也遮不住他的龌龊和丑陋。他以为自己戴上王冠就可以变成国王，其实狡猾的眼神暴露了他内心的阴暗，黑色的线条和灰暗的背景把他的本质刻画得入木三分。

看懦弱的人，他的脸颊泛起红晕，胆怯地缩起了脖子。或许鲁奥在想，应该鼓励他伸长脖子，舒展四肢，骑上堂·吉诃德的瘦马，举着长矛，摆出向风车挑战的姿势，哈哈大笑，即便引得全世界的人嘲笑，也无关紧要，重要的是让他可以看见自己的内心。

鲁奥用"最粗的黑线和最糟的土话，捧出了一颗善良而真实的心"。他用憎恨的心画道德败坏的人，用赞美的心画善良的人，用骄傲的心顾念卑微的人，向他们投去同情的目光。他似乎在问，为什么一个人会愚蠢，另外一个人会聪明？为什么一个人有时说话太多，有时候又太少？为什么有的人天生善良，有的人却总是不善良呢？他指责罪恶的人，那些人连肠胃里装的都是虚伪，整日里却总是咬牙切齿，就像是马戏团里的小丑。

鲁奥用混乱的笔触宣泄着自己的爱与恨，用肆无忌惮的线条表达自己对丑恶的厌弃，用浑浊的色彩、乌烟瘴气的氛围作为邪恶念头最真实的注释。他把丑陋者的迷茫表达得极为彻底，也给和蔼者的眼睛加上甘甜而清新的东西。

面对沉沦于现实生活的形形色色的人物，我们或许可以像鲁奥一样，同情地观看，看"反映在人们脸上的表情"，并感同身受地关怀。因同情其不幸而忧伤，或者因怜其不堪而大笑。透过每一个笔触、每一根线条，感受心灵的震颤。

当我们沉浸于悲悯的情怀之中，基于现实的审美意识便会触动我们的心灵，生出向善的意愿。

二、在直面鄙俗中获得超越的感觉

鲁奥最具代表性的作品是这幅《老国王》，他用耀眼的色彩和黑色的粗线分割画面，塑造出一位老国王的形象。

国王是威严的象征、权威的代表。他严肃地坐在那里，像是希腊悲剧中的人物，虽然是舞台上唯一的主角，戴着英雄的面具，却体会着全部的痛苦。他心里装着一个伟大的坚定者，他在喃喃自语："我就坐在这里，按照我的意志，创造一个类似我的族群，他们都像我一样，我不把任何人看在眼里。"他好像听到了他的子民粗俗的话语，看到他们道德沦丧，丑陋的表现，无法抑制心中的愤怒。在他面前，堕落于欲望、欺骗、脆弱之中的人们，正在承受着痛苦和无聊。他们必须把自己的欲念视为一切痛苦的根源，鄙视它，

必须以自己不可动摇的信念，面对现实的生活。

老国王在为子民的过错辩护，也在为由此产生的苦难辩护。在他脸上，我们看到了坏人和好人的双重性，既是残暴野蛮的恶魔，又是温和仁慈的明君。他寄希望于神明的再生，摧毁欲望世界，如此才有希望超越现实的苦难，重新与自我的生命精神达成和解。

他越是坚定就越是痛苦，就像中国远古神话中逐日的夸父，只有亲身体验过沉沦于现实的痛苦，直面一切痛苦的根源，并将它撕得粉碎，才能从泥土般卑微的存在中升华，才能幻化出一片生机。

将虚幻的现实看作卑下的东西，这样的超越之路也是新表现主义画家德库宁（Willem de Kooning）所践行的。他通过肆意涂鸦的方式，嘲笑鄙俗的欲望。

他的作品给人的直观感觉极其粗鲁，几近疯狂，就像是一个被情绪裹挟的人在肆无忌惮地嬉笑怒骂。嘴里诅咒着，唯利是图的小人、混蛋、丑陋的荡妇、吸血鬼……伴随着急速的笔触、粗重的线条、猛烈的黑漆，泼洒、剐蹭、冲撞到画布上。

透过画面，我们似乎可以听到他咒骂的话语："我看到它们了，它们喧嚣而凶恶。我要把它们都混杂在混乱的空间里，用最重的红色、最剧烈的笔触。"他的画里没有具体的形象，即便其中若隐若现地有个女人或景物的影子，其实也仅仅是情绪宣泄的符号而已。

这样的绘画作品确实让人咋舌。不过，无论你喜欢不喜欢，有一点是真实的，是确凿无疑的，那就是德库宁的绘画作品毫不遮掩地将他最真实的自我意志显现了出来。这非常重要，当德库宁一边涂鸦一边在嘴里嘟囔"我拒绝限制，限制是必须被排除"的时候，或许他也在提示我们把丑陋

第七章 心情愉悦之美

德库宁作品

的东西排除掉，回归到自己的本性中。

德库宁作画的状态让我联想到佛教寺庙门前的哼哈二将。他们样貌威武，摆出捋袖揎拳的姿态。哼将怒目圆睁，鼻翼扩张，似有恨气从鼻中喷出；哈将眉毛抬高，嘴巴张大，似有怒气从口中喊出。看着他们，我的神经一下子紧张了起来，感觉自己也受到了相同的刺激一般，不由得集中了全身的能量，想去辨识他们情绪宣泄的痕迹，模拟他们弃绝妄念的姿态。眉头的线条拧成疙瘩，嘴巴的形状扩张成门洞，释放出哼、哈的气息。于是，积淀在自我内心的无明之火一下子被宣泄出去，不由得开始自责自己沉沦于欲念世界的卑下。为什么就不能像德库宁那样，将自己对于超越凡庸的渴望宣泄在画面上？为什么

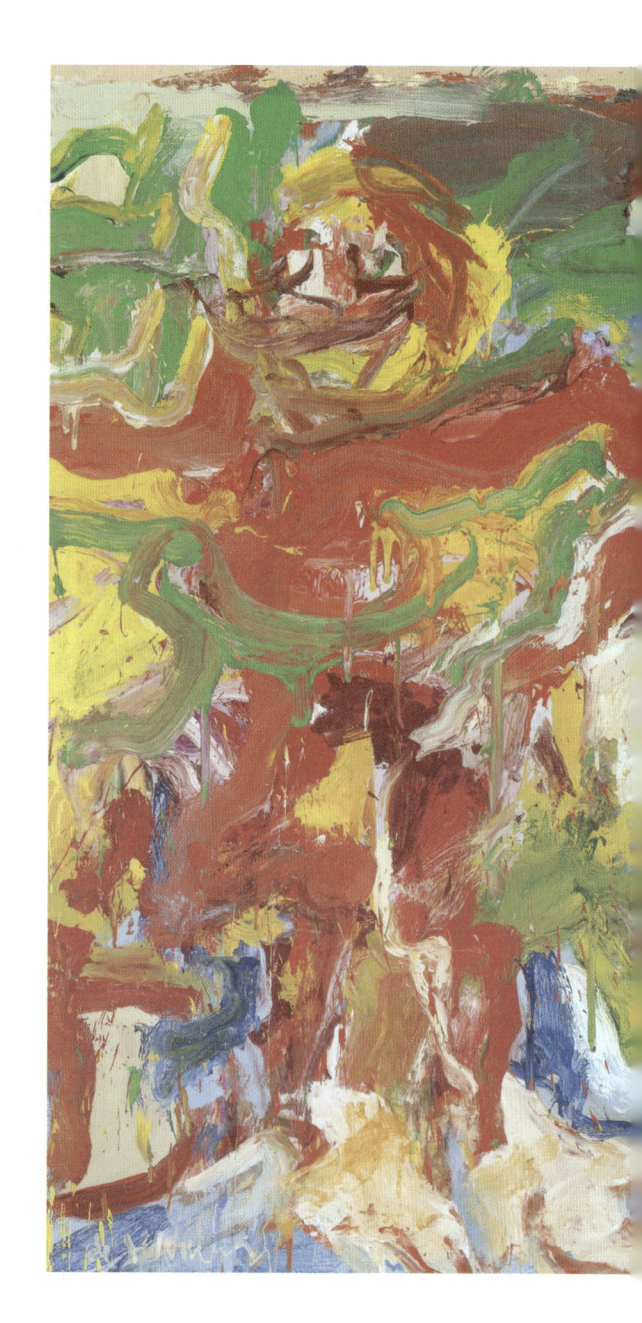

识美十法

平遥双林寺彩塑
哼哈二将

不能像老国王一样，直面自己的好奇、欺骗、脆弱、色欲等卑下的欲念，肆意地嘲笑它们，将它们撕得粉碎？

　　无论是鲁奥的具象表现，还是德库宁的抽象表达，或是寺庙门前的哼哈二将的喧嚣呵斥，他们都呈现出某种"冲动"的状态。对于人类来说，这是几近危险的情感表达，但也是自我意志最激越的表达。它像一把双刃剑，源于躯体内部激烈的释放，同时也是可以直接抵达心灵的路径。它给人一种升离地面的感觉，看到了生命意志的升华，以及在混沌中闪现的光明。

　　三、选个适当的角度看自画像

　　哼哈二将的眼神与现实主义画家库尔贝（Gustave Courbet）自画像中的眼神，颇有相似之处，同样是面对现实的横眉冷对、怒目而视，就像一个暴脾气的小孩子，因为抢不到一个玩具而表现出来的情态，其中充满了对现实的关注。

　　库尔贝的自画像中最著名的一幅是《绝望的男人》，画中的他瞪大了双眼，两只青筋暴凸的手挠着浓密的头发，那神情给人的感觉似乎是受到了外界的惊吓，呈现出惊愕的表情，直观地再现了一个人被社会现实惊扰之后的惶恐、错愕的表情。这种表情并不会持续很久，正如它瞬间的显现一样，消失也更陡然。

　　画自画像几乎是欧洲画家的保留项目。很多画家都有自画像留存于世。但类似库尔贝这般，将转瞬即逝的情绪写在脸上的自画像却并不多见。画家们大都会选择自我凝视的情态，尽量摒弃那些偶然的、受外界客

观环境侵扰而失态的样貌。把关注点放在表现自己经常持续的情感状态上，以一种没有实际目的的、不强烈的表情，凝视画面中的自我。比如拉斐尔（Raffaello Santi）的自画像，我们可以管窥到一种优雅沉静的性情；在德加（Edgar Degas）的自画像里，我们会看到面带伤感和抑郁的性情；而表现主义画家诺尔德（Emil Nolde）的自画像描绘的是一种耽于沉思的性情。他们就像找到了自己性情的底色一般，静静地思量着自己生命的基调，观照着自己习以为常的情感状态。

在我们熟知的欧洲现代派画家中，梵·高的自画像出奇地多，他似乎迷恋画自画像。虽然每张画的色彩风格各不相同，但大都呈现出自我凝视的情态，没有明显的喜怒哀乐的情绪表现。在梵·高的书信中，我们看到了这样一段描述，他说他曾经替朋友画像，"他有金色的头发，为

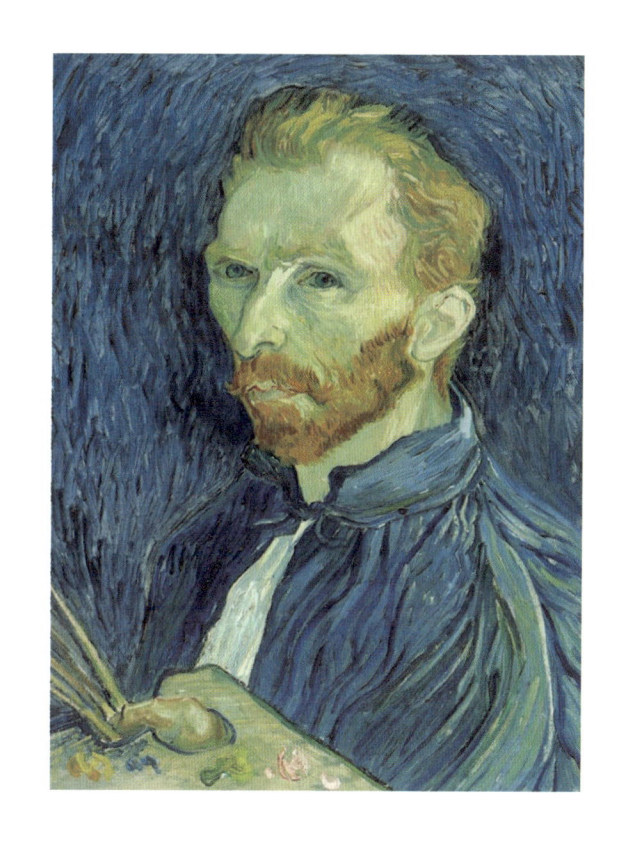

了夸张那金色，我用上橙黄色、黄色、明亮的柠檬色。在头脑后，我画上无限的天空，代替一般所画的普通的房间的后墙。我画出我能做到的最强烈的蓝色，这样，金黄发亮的头发在丰盛的蔚蓝的背景上，便产生了神秘的印象，像一颗亮星在深蓝的天上"。这样的画面效果在他的自画像中也有显现，看这幅有深蓝色背景的自画像，颜色明亮得给人感觉像是闪着光，黄色在蓝色的衬托下，有了荧光般的色彩。这和我们在照片中或者在自然中看到的颜色完全不同，那更像是小孩子画秋天的风景时使用的色彩，落叶的颜色是纯粹的金黄色或者橘黄色，天空是单纯的钴蓝色，没有一点杂质。

这么联想，我们就会明白，梵·高画自画像用的颜色，不是眼睛看到的颜色，而是他心里的颜色。同样，他的自画像表现的也不是偶然的情态，而是他惯常的性情状态，是他自我个性的底色。

四、照见自我性情本来的模样

梵·高自画像中的情态，让我联想到中国传统绘画中的罗汉像。罗汉的表情同样显现的是他们各自本来的性情，而不是偶然的心情。性情不似心情那么容易受周围环境的影响，一般是随着生命的成长逐渐固定下来的，是成年以后很难改变的禀性和气质。正如每个人都拥有各自不同的生命节奏，每个人也同样拥有各自不同的性情。

看古代罗汉造像，我们会非常直观地感受到他们的性情。他们的表情显现的就是他们在日常生活中惯常出现的情态，没有与周围人或物的争执与较量，也不因外界环境的变化而有所迁移。激越的人、郑重的人、松弛的人、懒散的人、虔诚的人、病恹恹的人、沉思的人、阴沉的人、随遇而安的人等等。按照他们本来的性情面对世界，那种沉淀凝固在生命中，因各自身体气血、思想智慧、人生阅历的不同而显现其独特性，阻断了偶然的情绪带着的烦恼，于是可以安然自若，随心所欲而不逾矩。看十八罗汉的造像，或沉寂，或欢喜，或悲悯，或张扬，或内敛……个性化的面目所呈现的表情就是他们真实性情的外显。

其实，我们可以把穷理尽性的罗汉看作是佛国世界的艺术家，他们以自己个性化的情感状态面对世界。乐天派的艺术家总有欢乐的心情，其所见经常有鲜花和阳光；忧伤的艺术家总是被自然的情境牵扯，绵延出忧郁的气质；而生性激越的艺术家则总能联想出一连串风暴和战斗的形象，挥洒出硬实的线条和炽烈的色彩。

不同的艺术家有不同的性情，这使得他们倾向于去关注自己感兴趣的见闻，并由此逐渐形成自己的艺术观念，继而以个性化的语言去表达、表

第七章 心情愉悦之美

平遥双林寺彩塑
罗汉

151

现，为世人展示不一样的审美与艺术创作之路。

有艺术理论家曾说："儿童艺术和伟大艺术作品之间的区别在于：一个是纯粹无意识的情感表达，而另一个则是透过艺术的形式有力地控制和加强了情感。"我想，优秀艺术家的心灵一定会经常回到童年，因为无论是纯粹无意识的情感表达，还是有意识地加强了的情感，他们朝向的都是各自性情的本然状态。

因此，照见自我的真性情，按照自己最真实的意愿观照周围的人和物，这是一个人审美意识得以萌发的基础，也是美感得以显现的前提。

五、为什么说眼睛是心灵的窗口

看历代的罗汉造像，无论他们身形如何写意，比例如何夸张，即便胖到肉肥如堆，瘦到筋骨如削，唯独眼睛油亮晶莹，神气活现。

中国古代画论有"四体妍蚩，本无关于妙处，传神写照，正在阿堵中"的说法，阿堵指的便是眼睛。古代画工认为，人物的神情意态就在一双眼睛上。一旦一个形象被点睛，便获得了生命，具有了感人的能力。点睛之所以重要，是因为眼睛不仅关乎美丑，更折射着心灵。

事实上，在现实生活中，我们对于他人情感状态的观察，大都是透过眼睛获得的。眼睛是我们与世界建立连接，与他人展开交流的第一通道。我们通过眼睛来判断他人的情绪，调整自己的言行，乃至洞悉事件的真相。通过注视他人的眼睛，揣测他人是善还是恶、诚实还是狡猾、喜欢还是厌恶。与此同时，我们自己也会不自觉地把内心的各种情绪透过眼睛流露出来，拿不定主意的时候左顾右盼，兴奋的时候眼睛发亮，希望交朋友

第七章 心情愉悦之美

南宋 陈容《五龙图》

的时候长时间注视着对方等等。

唐代画家张彦远的《历代名画记》中有画龙点睛的典故，说南北朝时期，梁朝画家张僧繇画龙，不点睛，可人们偏叫他点上，结果，刚一点上，画中的龙便雷电大发，破壁而出，乘云而去。这个故事虽然离奇，但足以说明眼睛对于艺术形象创造的重要性。因为眼睛赋予造像的，不是一般的自然的光，而是心灵的光，是画家自己的情感、信念、精神投射到了造像上。所以，在古代师徒传承的美术教学系统中，开脸、点睛是非常重要的事情，需要有仪式感，必须大师傅亲自完成。

画家通过眼睛来表达自我，也让本来平淡的形象突然有了性情，具有了一种力量，可以深刻地观照到人们的内心世界，让一个个平凡的情感世界显现出神性的光辉。

六、看得见的东西都是俗的

宋朝画家康与之在《记隐士画壁》中记录了这样一则故事，说宋朝初年修老子庙，庙落成之后，郡主请隐士和老画工来绘制壁画，隐士推让再三后，便开始在东壁作画。最初，隐士画了前驱二人，画工看了之后，没说什么，在西壁上也画了两个前驱的人物，隐士看了之后也不语而返。之后两人便各自忙碌，不再相互观看了。等到最后画完，画工来看隐士的画，一开始有些不屑，沿着画面逐渐往后看，等到看到车辇中的人时，画工对着隐士纳头便拜，惭愧地说："先生之才远远超过了我。"于是烧了自己的画具，再也不敢夸耀自己的绘画技巧了。

有人问这是为什么，画工说："画面中前驱的两人是贱役，骨相通常被画得瞋目怒髯，近侍的气质要清朗贵气，需要画得骨相清秀，至于辇中人则是帝王，要画得龙姿日表、气宇非凡才行。如今，先生将前驱两人画得清奇宠秀，神情与我画的近侍相仿，而先生画的近侍与我画的辇中帝王相仿，至于先生所画辇中之人的神情气宇是我连见都没见过的，所以我输得心服口服。"

那为什么画工画不出辇中之人的神情气宇呢？隐士的回答是："庙堂的壁画，画的是天上的人，而非人间的人，你所画的人物怒目虬髯，面目气象都充满了人间的世俗气，所以，虽然技法高超，但是却没有能力想象超凡脱俗的神灵气象。"

按照隐士的观点，绘画技法的难度，从人间到天上，从瞋目怒髯到气宇轩昂，从世俗气到非凡气，逐层递进。在画家心里，越是现实可以看到、观察到的越容易表现，因为现实情境中的人被情绪和物欲驱使着，忙碌着，就像是前驱的贱役，怒目虬髯，疾言厉色，神情气色都写在表面上，所以好画。相反，越是靠近精神层面的、内在性情气质的越难表现，无处着笔却要超凡脱俗，自然不容易。

绘画技巧的高度由精神气质的表现程度为指标。看中国古代的寺观壁画，顺着画家铺设的人物序列，逐渐进入画面所营造的世界中，离世俗的纠缠越远，心思就会越宁静，逐层递进，及至画面的核心，便看到了"非人间的人"的气宇。于是，超越了现实生活的困苦，精神为之逍遥。画的内容少了，线条也简练了，心思却通透了，画家通过这样一条超越现实的线索，逐层将艺术的表达推到了精神的世界。

七、如何看"天上人"的神情气宇之美

隐士认为充满了人间世俗气的面目可憎，画家要表现的是非人间的气象，那么，表现天上的人是不是就可以千人一面，一味气宇轩昂呢？

我们来看看表现"天上人"的作品——永乐宫三清殿的壁画。以其中的女性形象为例，看画家如何在"非人间的人"的气宇中折射出对人世间的关怀。

女童玉女应该是壁画中年龄最小、级别最低的神仙，她的工作是扶持救苦天尊的手，让他显得更有威严。相对那只巨大的手臂来说，她确实显得太弱小，也显得很羞怯。你看她豆蔻年华，眉清目秀，孩子般的稚气还写在脸上，脸蛋儿鼓鼓的，看起来肉嘟嘟的，还有点婴儿肥的感觉。她身上的装饰极为简单朴素，头戴蓝布头巾，只有几块翠绿玉石，给人天然去雕饰的感觉。想来她应该是刚刚进入天庭的小丫鬟，还不谙世事，所以，

心里没有太多的心思，一眼望上去，清澈如水。当众多的神祇开始朝拜的时候，她就静下来做一个听众，羞答答的，躲在一旁观望，悄悄地思量，眼前的一个个人物心里是怎样的一番景象。这种稚嫩羞怯的气息，似乎也影响了她身上的衣着和周围装饰的线条，那些线条给人的感觉是稍微有点笨拙的，线条之间的衔接不那么紧密，简单得没有丝毫的做作。画家甚至在特意帮她清理掉多余的繁复，为她留一片空白，来眷顾她澄澈的心灵，似乎知道她虽然看上去不高贵，内心其实高贵得很。

　　站在西王母旁边的奉宝玉女二十岁出头，面部的线条很饱满，很有弹性，整体上就像一朵绽放的花一样。服饰璎珞华丽，四周的装饰繁密似锦，衣着的线条接近于直线，展现出亭亭玉立的姿态，由内而外慢慢释放，让人嗅到一种圣洁的滋味，这种滋味顺着她面前那条挺拔的弧线，冉冉上升，随着右侧悠长的S线延伸到远方。人们在她的八字形眉毛中读出了惆怅和忧伤，她似乎是被愁绪紧紧地包裹着，情绪不只是蕴藏在内心，也写在了眼睛里。她盯着自己的内心，像一个沉浸在心灵空间里的年轻人，无视周围俗事的嘈杂。她的心情似乎也感染了周围的事物，让它们的线条也顺着她面容的气息下沉延展。

　　电母是所有女神仙中性情最激越的一个，大概三十岁出头的年纪，或许是因为她惯常要站在高空云朵之上发号施令，习惯了从目光中溅出火花。所以，即便是站在朝元仙仗的班列中，眉宇间依然保留着威武的英气。看此刻，她眉头紧锁，凝视前方，她是在呵斥风势过于温柔了吗？还是无法接受云朵的行动总是拖泥带水？正在思量着，是否要淬炼一道闪电，打破天地的沉闷，让巨大的雷声响彻整个殿堂。所以，在壁画上，电母的线条与装饰呈现一个硕大的"义"字形，从衣领处向左右上方呈雁翅

第七章 心情愉悦之美

右图 永乐宫三清殿壁画 奉宝玉女
左图 永乐宫三清殿壁画 女童玉女

状展开，发髻吊起，眉目侧立，凤冠像展翅的鹰、升腾的云，给人一种强劲的激越感。一条条挺拔的直线，似乎在述说着她的刚强，这义形于色的模样中流露出来的，一定不是昙花一现的、偶然的冲动，而是她性格本身就充沛着激越之情。即便没有了少女紧致的面容，却依然保持着积极行动的热情，就像勇猛的人总是准备着为光明而战一般，面庞前那条笔直的向右上方延伸的直线，就是直观表现她激越性情的形式。

　　站在东华帝君身后手托果盘的玉女，被称为仙果玉女。从相貌上看，她应该是众多玉女中的长者，手里托果盘，说明她依然是侍者，但是，眉宇间流露出的平和气息，却暗示着她年久资深的地位。想来，能够照护帝君饮食的玉女，身份一定非比寻常，仙果虽轻，但是它比那些珊瑚、宝盒、旌幡之类的物什要更贴近生命的关怀。此刻，看她气定神闲，目光

识美十法

右图 永乐宫三清殿壁画 仙果玉女
左图 永乐宫三清殿壁画 电母

中没有迟疑,更没有哀怨,只有安详的神情,只是一味地宁静、内敛,似有淡淡的微笑挂在嘴角,给人一种"了然此时事,心闲独看山"的感觉。而她的周围没有拖沓的长线,也没有纠缠的曲线,装饰繁复却显得通透明了。层层叠叠的、有节奏的短线,华丽地组合在一起,就像一首华彩乐章正在奏响,华冠玉佩,大大小小的璎珞玉珠点缀其间,让人瞬间有了雍容华贵之感,眼前呈现出深秋般满目繁华的视觉感受,这样的感受与人物内在的祥和之气彼此呼应,让人不由得开始羡慕,羡慕她在这群仙林立的天庭上安然自若的智慧。

绘于永乐宫西壁南的西王母,全称是"白玉龟台九灵太真金母元君",是传说中的月神,样貌华贵从容,平和的气息中不带任何可以辨析

的情绪。画家为了表现她无我的心灵状态，甚至淡化了眼眸的颜色，只用两个环形线标示眼睛和瞳孔，看神情已经完全沉浸于虚空之中，进入了无我的状态。

从永乐宫壁画中女性形象的情态中，从画家的绘画语言中，我们看到了一条从谦卑到自在、从紧张到从容、从外在到内在的情感超越之路。

八、微笑中显现神性的光晕

菩萨像没有罗汉像那么多样的个性表现，取而代之的是统一的微笑。

看青州石刻中的菩萨造像，眉心疏朗，眉弓平直，眉宇的弧线俊俏舒展，上眼皮的线条修长挺拔，下眼皮的线条委婉轻盈，精微的线条后面，充满爱意的眼眸隐约显现。那是只有心怀大爱的人才具有的眼神，是可以将皱皱巴巴的心情瞬间抚平的眼神，眉宇间传递的是一种温柔与平静的感觉。

那微笑似乎具有某种魔力，可以让本来冰冷的石头，突然有了温度，有一种神性的光晕，使其熠熠生辉。面对微笑，人们会神经放松，进入一种平静状态，就像是照见了自我内在的精神一般，内心升起一种无限美好的感觉。

看南涅水石刻的交脚菩萨，交脚而坐的姿态显得从容自在。旁边的树杈长出花苞，盘绕着盛开，好像在隐喻花团锦簇的思想正在绽放。微笑着冥想，给人一种一切都在意料之中的感觉。我们会惊讶于造像中的线条，就那么几条极其简约精致的线，却把所有愉悦的、明朗的感觉都显现了出来。

青州龙兴寺佛教造像
石刻

南涅水
佛教造像石刻

第七章
心情愉悦之美

可以设想，古代工匠一定是带着极度崇敬而欢愉的心情进行雕刻的，他完全处于一种从容淡定的情感状态中，在微笑光晕的衬托下，将自己的爱意，自我对于超脱、安宁、和谐的生命理想投射到了造像上。

看似是一个简简单单的微笑，其中却蕴含着人类美好情感的全部意蕴。微笑的光晕所赋予造像的，不是一般的自然光，而是理念的光晕，它充满人性的光辉，折射出人类对自身生命精神的完美感的诉求，只有超越世俗的烦恼，了断情绪的左右，充满爱意地面对芸芸众生，一个人才有足够的自信，才能坦然地让微笑的光晕持久地洋溢在自己的脸上。

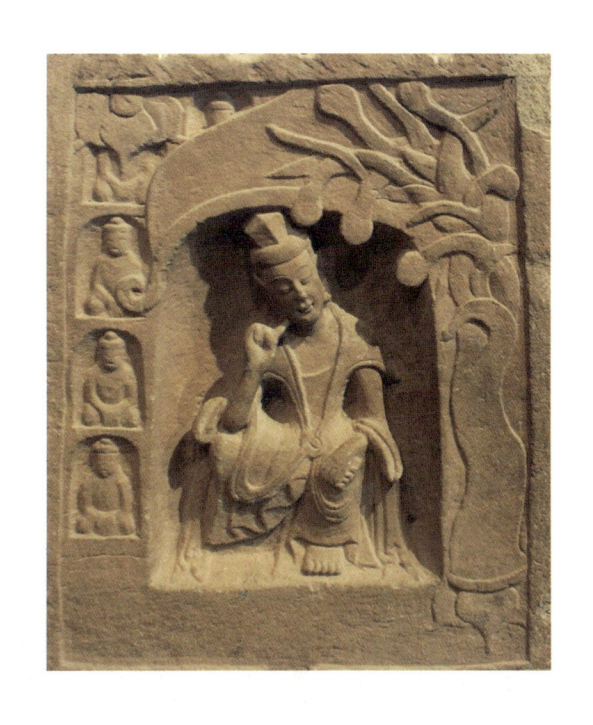

九、开启一条超越自然心性之路

《道德经》中有一句"专气致柔，能如婴儿乎"，意思是说，要达到温柔平和的状态，就需要像婴儿一样，专注于内在的感受。

碰巧在敦煌遗画《弥勒下生经变相》中，我也看到了两个童子的形

161

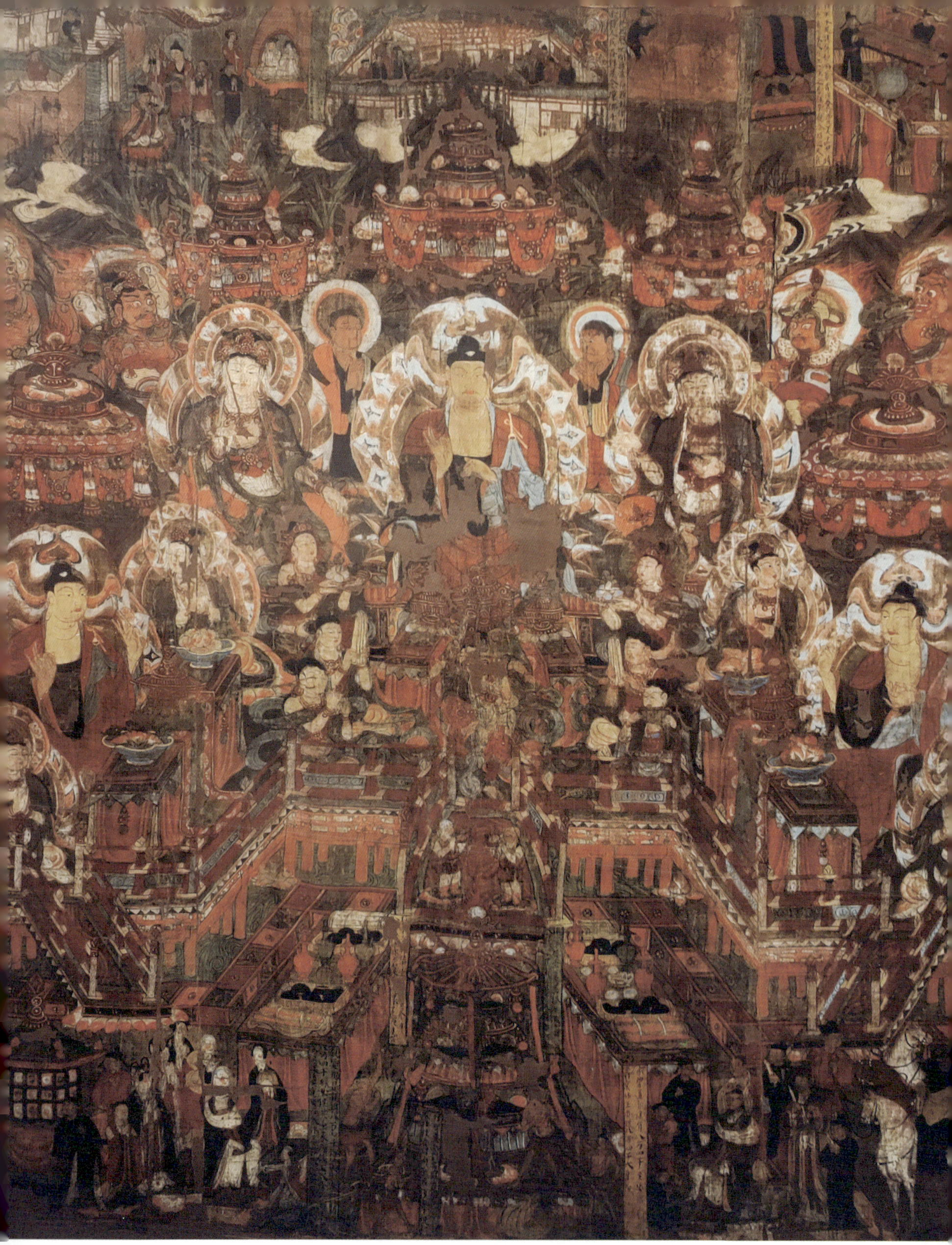

左页

《弥勒下生经变相》

佚名（9—10世纪）

第七章 心情愉悦之美

象，这么一幅庞大的绘画，在通向画心的关键位置上，绘制的却是两个孩童，这自然引起了我的好奇，稚拙无知的孩童，何以能矗立在人们通往精神愉悦的道路上，成为引路的使者呢？

我们看到，这幅画的下方及左右两边是帝后剃度礼佛的场景，虽然描绘的是帝王家的事情，但想一想，在我们每个人心中，又何尝没有一份固执，如同"王国"一般坚固，需要有勇气剪去那三千"烦恼丝"。画面中心的正下方，场景华丽且斑斓，华盖鼎盛，人物操劳，就像是刚刚开始祈祷的人跪在那里，心神不宁，脑海中涌现出各种各样的图景，纷繁复杂。顺着画面往上看，视野被收窄，杂乱的心思也随之被收紧。忽见两童子手捧仙桃，相对而立，看着他们，心中豁然明了，复归于童子，便可抛去世俗的烦恼，安定心神，于是，一种莫名的愉悦感油然而生。恍惚间，意识的天空中响起妙音清歌，心灵随之舞蹈，如飞天乐伎般悠扬婉转，仰望之，虚室生白，吉祥止止。虽然左右有过去佛和未来佛的加持，有世俗因缘的相依相生，但在画面的中心，显现的却是一片澄明、宁静、安详。而那佛背后的四大天王，他们作为官能之识的象征，映射着最基本的心理状态。那些与我们的生命如影随形的感官情绪，既是欲念在心灵空间的反射，也是照见生命真谛的不二法门，他们以威严相示人，呵斥着，我们从欲念界幡然醒悟，照见内心寂静，显现无尽光芒。

这幅画与其说是在表现一个宗教故事，不如说是在描绘心象的流动。当我们的眼睛顺着画面展示的各种形象游走，循着画面，从下而上，乃至四方，经过一众与自己一样沉沦于现实生活的众生相，迎面看到天王力士的威严、罗汉的性情、菩萨的微笑，乃至一路升华，看到壁画中心佛的形象，那气宇是令人神往的世俗人间从未见识过的，唯一与之相似的是在初生婴儿身上呈现的、那种刚刚被抛到这个世界之最初的状态。沉静乃至于安详，逐渐生出美的欢愉在心中。

小结

心情是我们每个人日常生活中最不好言说却又最深刻的体验，它可以轻易地让我们陷入一种不可理喻的状态，也可以刹那间让我们体验到莫名的愉悦感。心情影响着我们每个人生活的状态，也决定着这个世界以什么样的面貌向我们展现。

从沉沦于现实生活的喜怒哀乐到观照自身的性情，坦然地与自我达成和解，再到敢于微笑面对人生的慈悲与豁达，乃至于升华为一种形而上的精神状态，每一次情感状态的提升，都会让我们内心感到无上喜悦，体验到超越凡俗的光荣。

于是，摈除现实功利的目的，而观照自我情感的表达，为个体生命力的张扬、精神的超越，提供合目的性的形式，这便成为艺术创作的根本动力，也是艺术审美的重要内容，而在这个意义上，关于审美判断的"无目的的合目的性"，便可意会一二了。

第八章

知天明理之美

若想发现美,你需要从凝视远方开始,
循着那连绵不可知的地平线,慢慢地去找。

  有一种快乐叫作"隔窗望雪",在被寒冬困在家里的日子里,如果突然下起了雪,我们会不由得开心起来,围困我们的家屋,突然成了保护我们不被寒冷侵袭的庇护所,显得温暖、安静、可爱,我们的内心甚至开始盼望,天空能有多少雪就下多少吧……于是,我忽然明白,为什么诗人说,那些自称与世界有亲密感的梦想者是通过家屋学到了亲密感。因为作为生命的安居之所,家屋不仅仅是一个可以被丈量的、几何的对象,更是寄托了人们信赖之情的处所,它立于理性与梦的场域之间,包裹着诗意。家屋为我们清理出一个自由的空间,可以让心灵逍遥于其中,自由地呼吸。

  对安居的渴望,深藏在我们的思想之中,作为一种最基本的生命冲动,以审美的形式存在着。汉代人想象天上有紫微宫,以布局与形制映射着礼制社会的结构,唐代人想象极乐净土有种种快乐微妙的境界,可以寄托自己对于生命安净、安养、安乐的希望。当先民把天想象成圆形的大穹顶,把地想象成方形的大棋盘,便将自己对家屋的情感蕴于其中,在宇宙的混乱无序中找到了宽慰。

这正如在日常生活中,面对嘈杂的现实,总希望寻找一个宁静的环境。我们的内心本来就蕴含着对简洁、确定、完整的美感的渴望,渴望能够从混杂的视觉经验中抽身出来,去探寻自然规律的真实,即便这条路看不到尽头,也不妨碍我们抱着虔诚的爱美之心,一路求索。

一、大简至美

§ 广大为美

说大,莫过于天。天,不仅仅因其繁星闪烁而激起了我们的好奇心,更因其广大而触动我们深沉和持久地思考。

每个人的心底都藏着一片辉煌的天宇,一条璀璨的银河流向远方。虽然那片星空离现实极其遥远,但是,对于充满好奇心的我们来说,不仰望星空的日子,就像是被困在了没有窗户的房屋里一般,无法畅怀。这种感觉或许也是驱动先民们仰望星空的原因,看见日出开心,看见日落叹息,看日月循环,斗转星移,先民们将自己丰富的情感和想象交织在其中,形成了丰富的生命意象。于是,天空不再是死寂的虚无,而是活的,如同地上的河流山川、草木生物一般生机蓬勃。

在画家的笔下,星空同样充满了诗意。看米勒(Jean-Francois Millet)的星空,虽然并没有超越现实的情境,但那片广阔的幽蓝足以让我们的眼睛循着它向宇宙的深远处延伸,就像是在寂静的夜听到了庄严的低声吟唱一般,看着地平线上那一抹微光,陷入无限的沉思之中,渴望透

左图 米勒《星夜》

右图 梵·高《星空》

第八章 知天明理之美

过流星划过的夜空，心灵能够看得更远一点。

梵·高的星空呢？他似乎要将米勒藏在现实情怀中的诗和遐想召唤出来，让隐约的星光亮起来，月亮升起来，让它们慢慢地运动、旋转、闪耀，释放出宁静的能量，将幽蓝的夜空装点得格外明亮。而那夜空的颜色，聚集成纯粹的群青，如在梦境中一般，睡得越是深沉，色彩就越是纯粹，铬黄的月亮和点点的繁星，浓郁的色彩给人以童话般的感觉，于是，心思从那幽蓝的夜空中解放了出来，可以放大胆子去那苍茫的想象世界中遨游。

§ 简约为美

自由地想象让人感觉畅快，自主地设想让人心思愉悦，就像生命得以安居一般，自由地从自然中获取有价值的信息。

法国画家塞尚（Paul Gézanne）的绘画便是致力于以自我的意志超越自然的束缚，据说他画得总是很慢，总是念叨着"自然对于我来说太复杂了"。他声称艺术家是"人加自然",必须当着自然的面构造画面,提炼出球体、立锥体、圆柱体这些单纯的形体,然后他就能画一切想画的东西。塞尚着迷于探讨理想的空间秩序。他把所有视觉可以捕捉到的元素都记录下来,紧紧地交织在画面上,从这边,从那边,从左,从右,从各处取来笔触、色调、形状,把它们聚拢在一起,紧密地交织在一起。让它们可以按照自己的意志,去争取自己的位置,拥有自己的生命,让它们在人的头脑和宇宙中实现会晤。就像法国人用神给予的诸物,创造了凡尔赛宫简明的轴对称布局一样,让古典的结构"完全在自然的基础上新生"。因此,我们看到,在塞尚的绘画中,大自然繁茂和丰饶中蕴含的结构被有

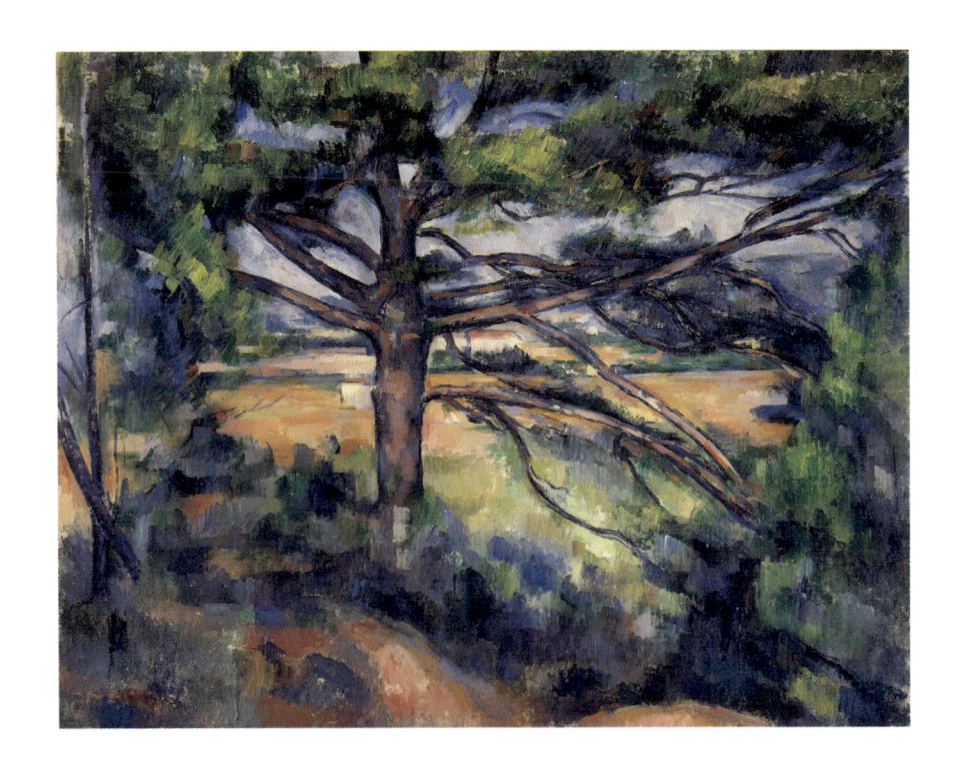

意识地提炼了出来，以一种简化的、清晰的方式组合在一起，表现在画面上，让绘画不仅是对自然事物表象的描摹，而成为"和自然平行的和谐体"。

塞尚将自然景物概括为几何体的策略，直接启发了毕加索、勃拉克等年轻画家，为立体派绘画观念的产生提供了营养。立体派画家们将自然看作是几何体的构造，犹如物理学家将物质剖析为分子、原子、粒子，或者像生物学家用单细胞的排列组合解释生命的繁衍一样。于是，不具自然生命属性的几何体，却成为构造自然的基本元素，让画家可以用简约的结构将自然重新归纳成一个整体。

认知心理学家认为，人类之所以能在这种概括的结构中感觉到美，最主要的原因是：人类的思维活动并不是针对事物看上去的模样展开的，虽然好看的外表让人感觉愉快，但是真正发自内心的愉悦是针对结构的。比如，在一堆乱七八糟的数字中发现规律，或者从一篇冗长的文章中提炼出核心观点，简化的倾向在人类的知觉中占绝对的优势，这或许是亿万年来生物进化的结果，是人类沉淀到潜意识中的本能，因为自然界中的任何一种生物要生存，首要的就是它要有能力用最短的时间对眼前的事物做出判断，是食物还是危险，是捕食还是躲避？瞬间的迟疑就会有致命的危险。在这样一个瞬间形成直觉的过程中，丰富的感觉信息是不值得反复玩味的，概括提炼出关键信息却是必需的。事实上，人类也延续了这样的本能，感官的快乐很难持久，只有纯粹的"结构"特征才能够进入思维。即便是在人类的文化世界里，对简单的感官欲望也持贬低的态度。

可以说，对纷繁复杂的自然事物进行概括，这既是一种审美策略，更是一种认知策略。

二、中正无邪

§ 平衡为美

当我们观看一片对折拓印的墨迹的时候，会下意识地寻找两片墨迹之间的相似之处，寻找它们的对称关系。认知心理学认为平衡感的本质是一种"身体经验"，身体天然具备对称均衡的结构，面对自然事物，人类会自然地将自身对平衡感的诉求投射其中。就像在内部世界和外部世界寻找相互印证关系一样，当自身的平衡感得到满足，外部世界对称均衡的美感也就被照亮了。可以说在人类对自然美的探寻过程中，平衡感是首要的原则之一，我们所有关于美的判断，在它的底层都潜藏着某种对平衡感的表达和渴望。

就像每逢春节，大家都会张贴对联和年画，以此来寄托对来年幸福的祈盼。作为中国民间具有特色的绘画艺术形式，年画给了传统新年满满的仪式感，丰富了人们的视觉体验，也满足了人们表达美好愿望的诉求。人们将驱凶避邪、祈福迎祥的诉求，寄托在了年画平衡的秩序之中。创作者们为了能够表现人们寄寓于年画中的美好寓意，自然会使用最赏心悦目的形式进行创作，构图上追求对称、均衡、饱满的感觉；色彩上要求单纯、艳丽；线条上讲究洗练流畅、疏密有致……在这些充满美感的形式中，尤其以对称均衡的构图最为关键，因为对称均衡是视觉愉悦感的基础，具有最直观的视觉效果。年画创作者无论使用的是卷曲的、自由延展的线条，还是几何的、抽象的形状，都会首先权衡图形、线条、色彩等视觉要素的分布，使之在整体上给人以平衡的感觉。

平衡感让人愉悦，让人可以在观察自然的过程中逐步跨出局部视野，

第八章 知天明理之美

山西灵丘觉山寺清代壁画（局部）

观照到整体的美感。因此，平衡感也延伸到了人的思维活动中，甚至延伸到了面前与脑后、手心和手背、白昼和黑夜、显现与隐藏、现象与本质等一系列结构关系中。

比如，当一幅画摆在我们面前，图与底是同时呈现出来的，图的部分承担着显现形象内容的任务，而底所呈现的是不被意识关注的情境。在通常的观看经验中，"图"很容易被眼睛捕捉到，但是，"底"却往往处于昏暗中，需要专门的关注，才能把它照亮。由于人的视觉官能的局限性，一个人不可能在看到"图"的同时看到"底"，但是，从形象思维角度来说，图与底却是一个整体，"图"依靠"底"的衬托来保持它的形态，"底"凭借"图"的明晰来维持它的力场。彼此之间存在着一种力量的渗透和反转关系，如同作用力与反作用力的关系一般，对立统一相辅相成。

§ 和谐为美

在欧洲现代绘画的各个流派中，野兽派的名号听起来最酷。不过，名号虽然酷，但画风却很平和。或许最初在"色彩解放"的理念鼓舞下狂野过，不过很快就从纯粹的感性冲动中解脱了出来，转而着力于探寻色彩相貌下蕴含的和谐美。野兽画派的核心人物马蒂斯（Henri Matisse）将之描述为，追求一种"坐在安乐椅上的感觉"，崇尚一种看似随意但却优雅的绘画风格。

看马蒂斯这幅名为《金鱼》的作品，给人的感觉就像是进入了午后的闲暇时光，轻松愉悦。粗略看来很是随意，点点画画，几乎不需要什么绘画技法，但是，如果仔细审视一下却会发现，整幅画的组织结构严谨妥帖，就像是优雅的气质在不经意的言行中显现一样，自然而然却恰到好处。右下角胡乱簇拥着的金莲花，在左上方粉红色的背景上飘散开来，拥有了装饰般的秩序。左下角藤椅的扶手上单调的纹饰，向往着右上方红绿交错的自由。深色的地面让圆形桌面的色彩变得温暖，有了肉色的感觉，而它的暖意正好为鱼缸的浅绿色做了最好的陪衬。在它的衬托下，鱼缸里的四条金鱼就像有了光晕一般，红得格外耀眼，让人不免感叹，世间哪里寻得见如此纯粹的红色。画面里的每一个图形、每一片颜色都在极尽所能

地展现着自己的个性，同时又保持着分寸感，为画面增添了生气的同时，也构造出了整体的和谐感。

这种着眼于画面结构的画风，在马蒂斯之前的纳比派画家那里就已经开始了。"纳比"是先知的意思，据说，19世纪末，一群年轻画家从艺术家塞律希埃（Paul Serusier）那里获得了一幅名为《护符》的小画，那是画在雪茄盒子上的一幅画，据说那幅小画中包含着前辈艺术大师高更的训诫，藏着象征主义绘画艺术的精髓，看到这幅画的人便自认为是"先知"，于是他们组织在一起，成立了纳比派。

博纳尔（Pierre Bonnard）是最先看到那幅小画的纳比派最重要的画家之一。他绘画的题材主要来源于日常生活，房间的一角、花园的一景，在别人眼里，不起眼的生活场景，很多都成了他绘画的内容。不过他并不直接照着景物看上去的样子画写生，而是先用一些符号做记录，把自己对景物的感觉记在速写本上，等回到自己的画室，回到自己熟悉的地方，再从那些符号里浮现出曾经的感觉，然后千方百计把它们表现出来。这种绘画方式实际上已经是一种真正的创作了。

比如，这幅名为《花园的台阶》的画，我们可以想象，画家走进花园，看看天空，看看黄色的迎春花，再看看绿色的树木，迎春花在蓝天的衬托下，显得特别漂亮。这种感觉真的不错，不过画家并不在意那些枝叶的形状，也不在意花的样子，而是沉醉于眼前景物整体的和谐美。他陶醉于植物一点一点地长出来的姿态，黄色的迎春花一簇一簇地簇拥在一起的样子。柳枝往下垂，树木的枝丫往上长。蓝天看上去很清亮，像是蓝色和白色交织在一起的衬布。在博纳尔眼里，花园里所有的东西都是发光的，每一种事物都有自己独特的节奏。迎春花闪动着大片的柠檬黄色，绿色的

左图
博纳尔
《花园的台阶》

右图
博纳尔
《有柠檬的静物》

识美十法

枝丫里头藏着褐色的枝干。特别是那片蓝天，看上去是那么柔软。春天的蓝天，不像秋天的蓝天那么坚硬，所以画家把蓝天画得像蓝色的绒线毯子，里面有星星点点的白，给人以温柔而舒适的感觉。

　　博纳尔把这些事物都记在自己的脑子里，然后开开心心地在公园里散步，想着等到哪一天有空的时候，把它们翻出来，在自己的画室里，安安静静地把这些景物画出来。于是，各种景物就像是被心灵的"取景框"施了魔法一般，按照画家的心思摆出姿态。比如，当一盘子柠檬安安静静地待在窗台上的时候，进入心灵的是午后舒适而宁静的时光，岁月静好的感觉，在心灵的画框里，就会呈现出横平竖直的线条和安安静静的模样。博纳尔或许在想："在这些柠檬成为柠檬之前，它们首先应该是依照特殊规律安排了色彩的一个平面，而我的意见是使它们获得了位置的参考。"

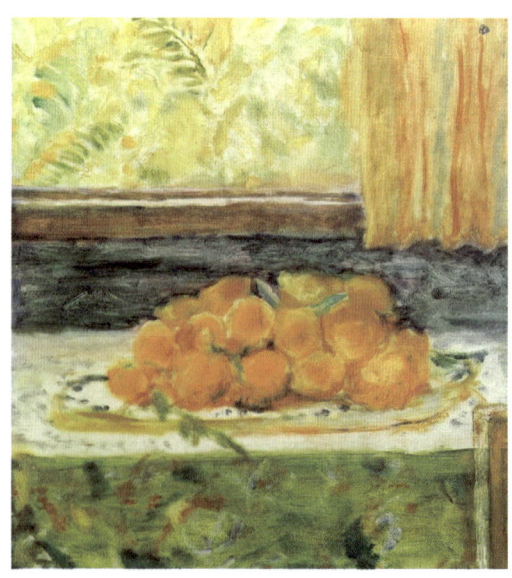

成都金沙遗址出土
商周太阳神鸟金饰

第八章
知天明理之美

三、圆满之美

§ 形要圆满

《名画录》里记载，心性狂放的吴道子，有一次夸海口说可以在一日之内为寺院布施万贯，寺院住持不信，于是吴道子在绘制佛像时，留佛光不画，等到举行盛典的时候，收费表演徒手画圆，当着成千上万人的面，一挥而就，众人无不惊叹。徒手画圆为何会引来众人的惊叹呢？因为圆在人类的视知觉中是最具完形特征的图形，人们对圆有着极高的敏感度，丝毫的误差都会被发现。

大家都有这样的视觉经验，每次看到封闭的近似圆形，都会不自觉地纠错，努力使之循以绳墨，趋于完整，因此，圆也被称为完形，是人们追求完美的最重要的心理模型之一，被广泛运用于自然的审美之中。

在中国远古的先民眼里，日出日落周行不怠的现象，便是一个周而复始的圆。先民们想象太阳是一只三足的乌鸟，背负着日轮在空中飞翔。三足乌蹲居在红日中央，周围是金光闪烁的"红光"。每天早晨，它从东方扶桑神树上升起，由东向西飞翔，到了晚上，便落在西方若木神树上。四川成都金沙遗址出土的商周太阳神鸟金饰，非常直观地表现出了先民对于金乌负日的想象。四只神鸟围绕着太阳飞行，象征四季或者四方，中心的太阳向四周旋转，放射出光芒，十二道锯齿线，象征着一年十二个月的循

177

环，回环往复，形式圆满。它直观地呈现出先民们关于天地融合、时空一体的想象。

用完整的圆形来规范现实的事物，散乱的感觉便被关联有序地组织在一起。古代的先民们以圆为范，以圆为美，将各种美好的感受与意象蕴含在"圆"中。

春秋时期的瓦当、汉代的漆画、唐代的铜镜、元代的团扇、明清的年画，以及各种民间艺术图形，适合于圆形的纹样，在视觉上给人以回环往复、运动不息的美感，当我们的眼睛循着圆形观看的时候，静止的画面一下子会生动起来，即便其中所绘的形象内容繁复，依然能够在圆的力场上获得秩序的感觉。

§ 爱要圆满

大家有没有发现，如果用纸卷个筒，透过纸筒向外张望便会发现，平时不为我们在意的场景，透过这纸筒立刻变得生动起来，原本没有活力的东西似乎一下子亮了起来，层次上有了变化，昏暗中的形象一下子点亮了，虽然颜色和形状并没有变化，但是给我们的感觉却新鲜有趣了许多。

其实，透过纸筒看世界，之所以给人以眼前一亮的感觉，关键在于它聚集了观看者的视线。圆形纸筒就像是在我们与自然之间加了一片滤镜，或者就像是给一篇乏味冗长的文章划出了重点，激活了我们主动观看的热情，乃至于将自己的意愿和想象也投射其中。同样，当纷繁复杂的自然事物中出现一个完整的圆形的时候，圆形内部的东西也会有一种向圆心聚拢的趋势，就像家屋一般，与外面的世界隔离开来。

画家大多了解圆形的这一特质，所以用圆形的画幅或构图来表现富于

第八章 知天明理之美

玛丽·卡萨特《儿童浴室》

情感的生活情景。比如在绘画艺术中，母子题材的作品往往会采用圆形的构图，或依偎，或怀抱，或托举，或背负，或提携。当我们把符合圆形的结构投射在画面上的时候，母子亲情便被显现了出来，由此生出无穷的爱意和圆满的祝福。

从艺术审美的角度来说，艺术作品之所以以圆满的构图形式表现爱的情感，原因在于爱本身是一个给予和感受相与为一的整体，就像一对和谐的力彼此契合与观照，而圆形给予人的感觉即是如此。于是，我们可以从爱的情感中发现圆融的结构关系，也可以从圆的物理结构中体验到圆满和谐的亲情。

§ 寓意要圆满

如果我们想在所有的汉字中找一个最具美感的、给人的直觉感受最愉悦的字，我想，"圆"字应该是当之无愧的。圆融、圆满，统一和谐。在日常生活中，很多与美相关的意象都可以用圆来形容，比如说一个东西很圆润，说一件事做得圆满，而圆形的画幅也可以将圆满的寓意更完美地表现出来。

汉代的瓦当造型，吉祥的文字与图画结合，给人以视觉美和意象美的双重审美体验。看这块写有"千秋万岁"四个字的瓦当，其中的文字被画成了鸟的形状，特别是那个"秋"字，像是一个扮作鸟的人在篝火旁舞蹈，与上端被变形成飞翔的鸟的千字遥相呼应，表达出一种向往自由生活的美好寓意。同样，这块中间写一个"關"字的瓦当，外圆内方，在字的中间似乎可以延伸进入一个神秘的空间，那里门前有林，可以遥望日出。这块中间画着一个"家"字的瓦当，周围的符号既是文字又有图形的寓意，画在家门口的那只小鸟似乎有倦鸟归巢的意味。

　　除了这种直接进行文字创意的作品，汉代瓦当中还有纯粹以图形进行创意的作品，比如最后这幅，左边画着玉兔，右边画着蟾蜍，两者放在一起，便形成一个完整的关于满月的意象。

以圆形为基础，思量自然形象的适形，展开文字的创意想象，圆便不再是一个简单的几何形，而变成了蕴含着诗意的完美图形。

四、光影随心

说到光，我脑海中浮现的第一幅作品是乔治·修拉（Georges Seurat）的《大碗岛星期天的下午》。画面中的光给人的感觉就像是品到了太妃糖，丰沛鲜莹，令人遐想。天空中飘浮着暖暖的香，光在跳舞，闪闪地洒在人们的身上，让人感觉一下子有点恍惚，目光像是舌头沉溺进蜜糖水，久久不愿移开。草地、帆船和小河远远地悬在空中，阳光抛洒出恰如其分的温柔。

我甚至会想象自己径直冲着阳光走去，在草坪上觅一处干净的地方坐下来，慢慢地躺下，闭上眼睛，静静地待一会儿。让虚衰的争荣竞秀都先歇了吧，心思也停了吧！这会儿，我只想放松下来，畅饮这阳光的香息。让那些平日所喜之物都消失了吧，让方才萦绕的思虑也都悬停了吧，就像这草地、树丛，它们都已经消融在这纱丽般的阳光中。恍惚间感觉自己真的躺在了沙滩上，整个人随着潮水涨落慢慢幻化于阳光之中，忘记了自己是谁，也忘记了自己是这宇宙间独一无二的存在。变成点点的光斑，随着阳光变换着样貌，伴着欢快的风儿穿过树梢，精灵般地飞舞。

　　恍惚间我开始怀疑，怀疑自己就是那个从柏拉图寓言的洞穴中逃离的囚徒，此刻刚刚挣脱了枷锁，转身看到了光，想紧紧地抓住它，害怕它溜走，但是那光的颗粒太过晶莹，剔透得像五彩的沙，即便紧紧地攥着，它依然在流逝。

　　这是19世纪末欧洲新印象派的绘画作品，画家让不同的色点在视觉中融合，来表现光的效果。事实上，在西方的绘画中，光始终受到最高的礼遇。古代的画家们从来不敢直面它，仅仅通过摹写阴影的轮廓来隐射它的存在。古希腊画家由此发明了通过绘制图像的缩减与投影，表现空间进深感的技法，而被称为"阴影画家"。欧洲文艺复兴时期，画家乔托·迪·邦多纳（Giotto di Bondone）充分利用教堂高耸的梁柱和拱顶作为绘画的空间，重新发现了透视法。之后，莱昂·巴蒂斯塔·阿尔贝蒂（Leon Battista Alberti）受到中世纪光学理论的启示，假设人的视觉是静止的单眼投射，投射在物体之上，创造了所谓的"金字塔视觉"，形成静透视的绘画形式。17世纪，荷兰画家使用暗箱辅助，依据小孔成像的原理，逼真地绘制形象。由于当时暗箱技术的局限性，成像的尺幅非常有限，所以

第八章 知天明理之美

维米尔《绘画的寓言》

有了"荷兰小画派"的雅号。

　　画家们就像困在洞穴里的囚徒一样，围绕着墙壁上的影子，谈论着"现实"，表达自己对"现实"的关切。及至近代，终于有囚徒挣脱了枷锁，转过头来，朝向了光。或许是在半暗半明中禁锢太久，耀眼的光让他们手足无措，而迷失于眼花缭乱的印象中，看日出，看睡莲，看干草垛，看阳光下的草地……眼前的一切在光影的闪烁下，都像是失去了重量一般，飘浮不定。转过头来朝向户外的画家们虽然对墙面上的影像有了警惕，窥见了清晰的轮廓背后的空白，却被浮在空中的光色所吸引，将流动的光影的色彩当作了真实的存在，用心描摹那瞬息万变的颜色。不过，就像光明总是在与黑暗的对立中显现一样，如果没有隐于光线之外的白墙，三棱镜即便折射出了灿烂的光波，也不会有那么强烈的能量可以刺激到人的视觉神经。

识美十法

刘巨德《生命之光》

现代艺术家们很快意识到了这一点，色彩仅仅是光的影子，就像自然万物投在墙面上的影子一样，同样是虚幻的。对于色彩来说，唯一可以确定的是，它可以在对比的关系中与"光"达成统一。于是画家们经历了短暂的"色彩解放"的激动之后，转而关注色彩的对比结构。诸如浅黄色的面容与天蓝色的背景形成相互衬托的关系，蓝色的背景上那些金色的麦浪显得格外耀眼，大红色的衣着与墨绿色的玩具对比强烈，如此等等。当艺术家凭借色彩对比在画面中建立起暖和冷、明和暗、轻与重、缤纷与萧瑟诸如此类的关系后，便有了构造不同于古典绘画审美模型的依据。于是，对色彩对比结构的创造成为通往理性的艺术的另外一个途径。艺术家们思

184

量着，色彩也许能够提供谱写新篇章所需的语法。

不可否认，光是生命世界中最耀眼的存在，被光显现的世界五彩斑斓，诱惑人心。想象一下，清晨的光投进了幽深澄澈的深潭，光影闪动间，荡漾出诸影诸物，参差融和，摇动扩大，实的、虚的、真的、假的，夹带着闪烁的倒影，纷繁复杂地在其中涌动。

这样的意象，在刘巨德的作品《生命之光》中被凸显了出来，让我们不禁感叹，唯有让那束光照到自己的心底，凭自然万物之形象，借色彩结构的相貌来显现光的神性，以某种抽象关系象征它、幻化它、类比它、诗化它，才能超越漂浮在事物表面的幻象和变动不居的印象；才能够驱散非类横行的彷徨，照亮生命的奥秘；才能带着渴念之情不断地去探寻生命的精神，照见自我意识的方向。

五、明心见志

《山海经》中有夸父逐日的神话，夸父追逐太阳，到太阳落下的地方，又干又渴，喝干了黄河大泽的水，还没有赶到，就被渴死了，他的手杖化作邓林，蔓延数千里。

我们可以想象夸父与日逐走的情境，天地间一个巨人在奔跑，朝着太

阳的方向狂奔，凭着自己的意志，按照自己的想象去行动，一片暖阳，金色的光辉让夸父的身形显得异常高大。他背后是一片质朴的蓝影，清冷的感觉追随着他一同运动，霞光般的色彩召唤出强烈的愿望和顽强的意志。光明伴随着暖色明亮起来，黑暗伴随着冷色消退下去，追逐的热情在色彩的映衬下熠熠生辉。

　　夸父逐日的神话在人们的心中营造了一种壮美的意象。虽然夸父以有限的生命去追逐遥不可及的太阳，注定是失败的。但是，当人类带着自己的设想去行动的时候，追逐的意识被激活，一种豪迈的精神被树立起来。这无疑是一种精神的象征，对于我们来说，同样需要像夸父那样将自己的

第八章 知天明理之美

心灵置于天地之间，让追逐的热情充盈自己的心田。

传说明朝有一个如夸父一般执着于理想的人，名为万户。他想飞到天上去，于是手拿风筝，坐在绑有很多火箭的椅子上起飞，结果失败了，人也牺牲了。虽然以现实的角度来看，万户的行为过于冒险，但是当我们窥见了他崇高的渴望，感觉在他充满强力的破坏性中，激荡着铁血气质和悲剧精神，便会感慨他的壮美，即使炸裂，充满不和谐，亦是气魄宏大的"伟美之声"。

看袁运生创作的壁画《万户飞天》，没有把崇高美建立在直面现实，或者描写视死如归的英雄气概上，而是以浪漫的手法塑造了一个在宇宙间自由驰骋的形象，来象征意志的力量与情感的激越。观之如狂流激湍，独立于悬崖峭壁之上，笔墨淋漓间审美意志得到宣泄。挥洒放纵的线条间一个睁大眼睛、张着双臂仰望天际的人，气魄逼人，笑容却极其灿烂，龇牙咧嘴无所顾忌，那发自内心的笑仿佛早已超脱于世外，不随时间流转，亦不被空间遮蔽，就那么持久地笑着。他的手臂挥舞，紧握着一支类似画笔的枝条，幻化出种种奇异的形态，单纯而意气盎然。万户飞天这样的题材，虽然难免伴随着生命的痛苦气息，但是艺术家所塑造的气度却并没有引起我的不适感，反而让我联想到了另外一个中国人家喻户晓的神话故事"女娲补天"。

相传远古时代，天塌地陷，世界陷入巨大灾难之中。女娲不忍生灵受灾，于是炼五色石补天，折神鳌之足撑四极，平洪水，杀猛兽，通阴阳，除逆气，生灵得以安居。对于女娲补天后的情况，《淮南子》中有更详细的描述，说当女娲把苍天补好之后，便"四极正，淫水涸，冀州平，狡虫死。背方州，抱圆天。和春阳夏，杀秋约冬，阴阳通畅，逆气绝止"。意思是说，女娲补天之后，天地从一种混乱的状态归于秩序，人民告别了紧张和不安，进入了一个持续繁荣和平的时代。

"女娲补天"与其说是一个虚构的神话故事，不如说是一个严肃的隐喻，它以补天来比喻心灵的理性追求。人类只有告别了生命本能的驱使，以一种理性的方式思索世界的时候，自我才会从未知与不安中解放出来，美才会伴随着文明之光闪亮。没有理性的视角，没有超然于感性世界之外的思考，感官能力再好，也无法真正看清自己，理解世界。

小结

对于更美好结果的期盼，作为一种最基本的生命冲动，始终存在于我们的内心中。正如每个人内心都饱含着对诗意地安居的渴望一样，面对现实的嘈杂，我们总希望寻到一片宁静之地，希望获得确切可靠的答案。在探寻美的道路上，对理性的诉求，对简洁、确定、完整的美感的渴望始终鼓励着我们，从混杂的视觉经验中抽身出来，探寻自然规律的真实，即便这条路看不到尽头，也不妨碍我们抱着虔诚的爱美之心，一路求索。

第九章 刹那永恒之美

见识过美的人，为了使美永存，会心甘情愿地走在寻美的道路上，永续创造的活力，这便是非凡人生的秘密所在。

生物进化到与自然环境完全契合，进化是不是就可以停止了？人与社会达成了随心所欲不逾矩的默契，探索是不是就可以结束了？一个人有了自己的审美标准，探索美的脚步是不是就可以终止了？如果我们仰望天空，看到了越来越纯净的色彩，感受到了彻底的自由，是不是就可以远离大地，远离让人兴奋不已的现实了？

看过美国画家戈特利布（Adolph Gottlieb）作品的人，大多会觉得那是些荒唐的东西，居然有人把胡涂乱抹的大"墨点"称为艺术。他的作品大都仅仅由两个墨团组成，一上一下，硕大无朋，一个涂抹得很潦草，另外一个涂抹得也很潦草，好似顽童的涂鸦一般在试图将模糊的意识凝固成形。

如果盯着作品中的这些墨点，想从中看出点名堂的话，那确实比较难，但是，如果我们动一动眼睛，上下移动一下目光，从下往上看，犹如仰望天空，飘浮在虚空中的墨团似莫名的天体，释放出巨大而清晰的光。

从上往下看，犹如俯视大地，一片模糊的、不确定的混沌在蔓延。从散乱到完整，从完整到散乱，随着视线的来回切换，画家想表达的观念便显现了出来。他在用这种形式隐喻某种认知现象，混乱与秩序总是以一种对立统一的关系存在着。就像人们对于真理的探索，当某种认知凝固成观念，便会限制新的认知发生，这时候，理性的人会自觉地跳离原有的框架，刻意制造"断裂"，从固化的观念中摆脱出来，努力回到原初的状态中，为新的认知创造条件。

一、无法闭合的圆

极简主义画家罗伯特·曼戈尔德（Robert Mangold）画了一个圆，在圆形的线条即将闭合的地方有意地错开了一点，好像是在片刻犹豫之后，计划重新开始画一个更大的圆。当我关注到圆形轮廓的这一点点开裂的时候，感觉像是得了强迫症一般，不自觉地陷入一种纠结中，思量着它到底是趋于分，还是趋于合？

如果按照至上主义画家马列维奇的理想，这个圆形肯定是不美的，因为在他的理念里，艺术造型的终极目的就是找到最坚实的形状，最稳定、不会被动摇的元素，就像科学家发现了原子的坚实，原子核的稳定一样，让人们的眼睛在观看世界的时候不犹豫、不徘徊。为了彻底地完形的理想，圆形需要被不断地修正、简化，乃至极致的圆。

一个圆形越是趋于完美，意味着它需要人思量的内容越少，需要引起关注的细节也越少，于是，用不了多久，我们就会发现自己对它观看的兴趣变得越来越少。相反，如果圆形出现了缺口，而且这个缺口似乎还有一

第九章 刹那永恒之美

罗伯特·曼戈尔德 作品

种朝向新的完形发展的趋势，我们立刻会产生一种想要探究的意识，看看它在多大程度上打破了原有的平衡，又有多大的可能性重新复归完整。这让我们有了一种难以释怀的感觉，就像是听到自己熟悉的旋律突然有一个变调，哪怕只是一个很小的变调，都会让我们觉得异常突兀，觉得它意义重大。突发的变奏、偶然的断裂，这样的情境让我们对确凿无疑的秩序产生怀疑，甚至对司空见惯的圆形产生了好奇。

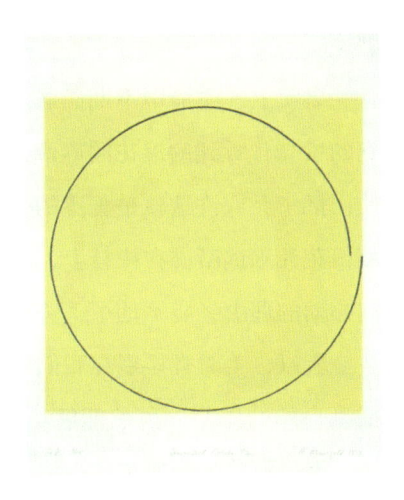

圆形在断裂与闭合之间纠结，就如同人生在痛苦与无聊间的钟摆，如果在其间摁下一个休止符，强迫它停留在断和续的争执中，沉浸在破与立的权衡中，刹那间，便会有一种抽离现实的感觉，既不需要为了极致的完美殚精竭虑，也不会因为担心它彻底垮塌而忧心忡忡。在破和立的争执中，在转化的一念间，审美现象中最有趣的情境便出现了。

二、一刹那的容量有多大

春风吹拂，看到花的绽放，一天两天，及至盛开，满目繁华，用不了几天，再来看时，已是花落如雨，清风送歌了。转瞬即逝的美，就像生命鳞片的流失一般，让人怅然若失。虽然我们热切地想让美的感觉更长久地留在自己的生命里，但是最后却不得不接受，美感只是刹那的光影，转瞬

193

即逝。

　　事实上，生命中不期而遇的蔚蓝、森林里流淌的小河、沙滩上漫步碰到的贝壳、听到的浪花的声音，都是在消逝中被我们感知到并留在了我们的记忆中。或许这就是美感的必然境遇。想象一下，如果天上永远挂着晚霞，花儿永远凝固在树枝上，不用担心再也看不到它们，那就没有了让我们心动的理由，心不动了，美感也就不存在了。

　　所以，美时常显现在我们对时间流逝的眷恋中。那些摄影或者写真般描摹自然的作品，虽然能够给完美一点心理补偿，让流逝的遗憾有所缓解，但是那些瞬间抓拍的影像，从自然中抽取出来的片段，除了激起人的渴望之情之外，反而更增强了我们对过往的眷恋，就像鲜花在满足人们视觉愉悦感的同时，更深刻地刺激了人们对时间流逝的不安心理，在感官层面，获得感越多，失落感就越强烈。

　　看法国画家奥蒂诺·雷东（Odilon Redon）的油画《卢塞尔的召唤》，我不知道画中人是不是那位名不见经传的纳比派画家卢塞尔，抑或是画家自己听到了来自卢塞尔的召唤。不管怎么说，当我随着画中的人一起歪了歪头的时候，脑海里不由自主地随着他开始了遐想，遐想关于花的谜题。雷东说，"每一朵花都是一个谜""和人的面孔一样，是灵魂的反射"。这类似于《华严经》里的那句箴言："一花一世界，一叶一如来。"或许，当艺术家开始遐想的时候，在他的眼前，刹那间也会浮现出佛国的花朵，花朵里藏着关于美好世界的全部意蕴，他也会感叹：看那朵花，看它谦卑的模样，在无人注目的地方，摇曳自怜，在清凉寂寞的世界里，默然微笑。于是，所有对于生命的感悟，因为它的出现而显现、放大，乃至旷远。大小、丰简，有限、无限，天女散花般布满了整个意识的

第九章 刹那永恒之美

雷东
《卢塞尔的召唤》

195

天空。透过它，我望见一片纯净的蓝，天地无边的景色，映入我的眼帘，融入我的心里，聚在了眼前这朵花上，它盛开，在篱笆墙的旁边。

深刻的审美体验往往是在远离感官快感的地方获得的，对生命倏然绽放的赞美，本身就是对平庸的唾弃，哪怕是朝开夕落的小花，一岁一枯荣的小草，如果我们能够带着自己的感受、思想乃至生命精神去欣赏，蕴含在其中的美也会像焰火一样璀璨。

三、唯有对生命力的渴望可以持久

不知道大家有没有过信手胡涂乱抹的经历，没有计划给谁看，也不是为了迎合谁的喜好，仅仅就是想宣泄自我的情绪，甚至不惜以近乎夸张的动作付诸表现。生气时笔力狂怪，开心时色彩瑰丽，平静时线条委婉，愤怒时用最重的红色、最剧烈的笔触……一边涂抹一边在嘴里嘟囔：我拒绝限制，限制必须被排除。一味地胡涂乱抹，自我存在的感觉一下子凸显出来。就像是一个正在奔跑的人，体验着自己无所顾忌的宣泄，在奔跑中实现释放情绪的目的，奔跑本身就变成了值得观照的对象。

同样，当画家从具体形象的审美诉求中跃脱出来，转而着眼于美感之实现的过程本身，不以作品为目的，而着力于感知的过程，美感的来源便从狭窄的画面空间进入了绵延的时间中。抛开美观与否的问题，摒弃美术知识和技法的约束，将绘画的行为与表达的目的等同起来，这样自由的绘画形式自然是吸引人的，很多画家乐此不疲，甚至通过延长个性化的体验和表达的过程，将自己的经验纳入其中，以至于什么时候停笔这样的操作性问题，反而成了绘画中唯一需要考虑的技巧。

第九章 刹那永恒之美

唐吉《时代家具》

当画家把关注的重点转向了美感的实现过程本身，静态的作品中就有了时间的痕迹。画家德库宁曾经把油彩直接涂抹到报纸上，以此来形成作品。抛开报纸上的铅字可以作为底纹欣赏之外，对于生活在20世纪六七十年代的美国人来说，报纸一天一张，看完就扔的时效性，具有明显的象征性，特别是当色彩和笔触以同样偶然的状态被涂鸦上去的时候，报纸所关联的时间性被揭示了出来。画家似乎在借此隐喻美感的存在形式：在美感与失落感抗衡的过程中，唯有对追求美的过程的热爱可以经久不息。

四、在寂灭中感伤宇宙亘古的苍茫

伊夫·唐吉（Yves Tanguy）的绘画作品充满了神秘的、荒凉的气息。那是一种笼罩在死亡星球之上的宏大与苍茫，星球就像经受了中子弹的毁灭一样，物质残骸依然保持完好，但是却被剔除了全部生命的迹象。地面、天空、海洋，显现出异常空旷的景象。一切被构造或破坏成纯粹的物，它们形状怪诞，无目的、不安定

197

地闲置在大地上，正以最精确的形式显现最不合乎逻辑的存在。物体的背后，拖着长长的黑影，延伸至无限透视的虚空之中，似乎有一道无来由的光，将人的心思拉进一个充满未知的世界。

或许我们可以把这样的作品理解为画家从自己意识的深处挖掘出来的景象，是对受难本身的反思。我看不到作品中有任何可以让人称为美的东西，也说不清这样的绘画是善还是恶，恍惚间看到一个小男孩，在肆无忌惮地挑衅着人们麻木的神经，无所顾忌地将自我生命意识底层的景象，带进光亮之中。了无生机中却隐含着某种渴望，面对这晦暗不明的画面，生活于情感世界中的人们自然会生出对于生命永恒的渴望，就像宗教绘画中表现的受难场景一样，深刻的苦难中总是蕴含着一种对超越意识的祈盼。

生命不甘于堕落与毁灭。伊夫·唐吉的绘画通过对寂灭本身的深刻表现，将毁灭后的寂静作为一种永恒的形式，试图通过对弃绝尘寰的情境的表现，召唤内心对超越的渴望。但是，永恒的寂静却让存在于生活世界中的人们感到了深深的不安，因为空旷的场景、毁灭后的苍茫所呈现的超现实的幻象，终究是随着意识流漂浮的幻想，生命的气息亦如其画面中的情境一样晦暗不明。

无论是德库宁通过行动绘画及抽象表现的形式，将生命精神的永恒寄托在极度自由的宣泄中，还是伊夫·唐吉通过超现实的画面表现生命没落后最终的寂灭，极端的表达总是伴随着深刻的荒诞感。即便在意识层面释放出时间绵延的信息，但终究无法给予生命以诗意的安居之所。

第九章 刹那永恒之美

图·戴竿之戏
沂南汉画像石刻百戏

五、在跃动间照见生生不息的美

同样是将超越死亡的欲念表现为一种渴望，汉画像石刻使用了另外一种形式。

看出土于沂南地区的汉画像石刻"戴竿之戏"，图中一人头顶长竿，另有数人缘竿而上，表演杂耍。第一眼看上去，这位表演者头顶的橦竿并不高大，没有诗歌中所说的"大竿百夫擎不起，袅袅半在青云里"那般威猛。上面的三个杂耍者也是小巧的，上下蹁跹，像是轻飘的纸人，没有多大的分量。除了橦竿顶部的托盘呈现仰视的透视圆形，让人可以推想橦竿高擎、直插青云之外，作者似乎并不想刻意强调表演的吃力，而是把视线集中在了表演者的动作上。你看他全神贯注地注意着橦竿的摆幅，身体来回移动，寻找着每一个刹那间出现的平衡点。表演者的外轮廓呈现为一个底边倾斜的三角形，而橦竿之上，杂耍者"绕竿四面争先缘"，构成了一个中正的菱形。三角形与菱形角对着角，尖对着尖，于是，一种"无穷动"的情形跃然而出。

我们可以想象，当表演者在

南阳汉画像砖
射猎图

不停地寻找平衡点,动静转换的刹那被无限延长了,因为找到平衡的时刻,恰好是对立矛盾被克服的时刻,也是下一个运动位移开始的时刻,由此形成一种时间悬置且无限延伸的感觉,有限的时间意识被超越了,生命意识似乎找到一种可以持久寄居其中的形式,让人们将自己对永恒的渴望寓于其中。

再来看河南南阳出土的汉画像砖上的"射猎图"。画面上,射手勒骑回身,挽弓搭箭,引弦愈发。他似乎刚刚驱马急追,飞奔到猎物前方,回身射击,奔跑的势能顺着数条弧线瞬间回环,聚集在箭上,即将给疲于奔命的动物迎头一击,想来这一击一定非同小可。同时,马身上的弧线采用了先扬起后回环的联动节奏,强化了马的奔跑和跃动之势,配合大量圆形的衬托,给人以动荡不安的感觉。寥寥几笔将人与兽的激烈对峙、生死攸关的瞬间表现得淋漓尽致。

这样的审美或许与汉代的民风有着直接的关系,汉代狩猎之风盛行,百姓利用农事之余进行狩猎,帝王将相也热衷于狩猎活动。《淮南子》说:人们为果腹,以狩猎为乐,在狩猎中运动、潜伏、奔袭、骑射,奔波于日常的生活之中,人与自然便在深层次上建立了连接。

看西汉卜千秋墓壁画上的这只兔子,它好像是听到了汉人"强弩弋高鸟,走犬逐狡兔,此其为乐"的消息,看到了狩猎的人已蜂拥而至,紧

西汉 卜千秋墓壁画（局部）

第九章 刹那永恒之美

张地弓起了身子，准备伺机而动，若得一线生机，必一跃而出，蓄全力而发，势不可挡。古代的画匠们没有描写兔子皮毛的华丽，也没有表现兔子狂奔的姿态，而是着眼于跃起前蓄势的姿态，截取动能压缩到极致的刹那，如拉满的弓，给人以闻惊而跃、意将腾跃之感。如此表现，即便这只兔子已经被困在画壁上两千余年，但是，当我们看见它的时候，依然止不住地遐想，想象只要呼一口气给它，即刻它便一跃而起，破壁而出。

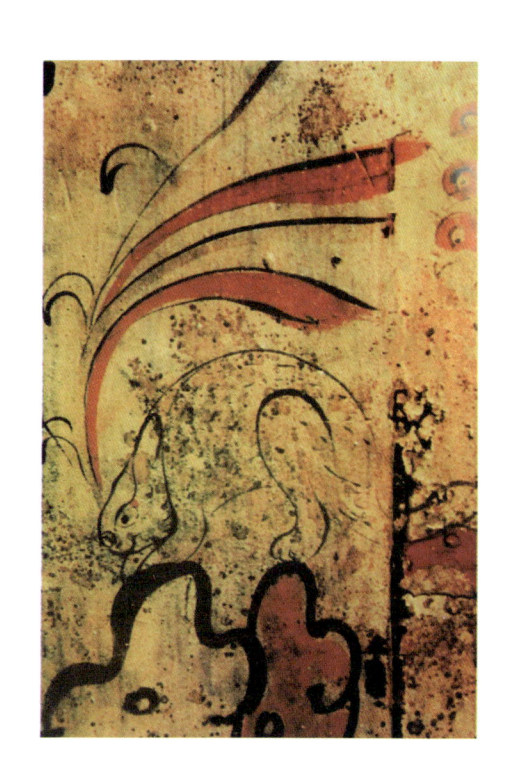

按动力学的说法，事物运动前积蓄的动能与释放的力量是守恒的。完整的动觉审美，必然包含着动静相生、收放相成的全部经验。在动静转换之间，关于生命力的隐喻以及人们对于生生不息的生命精神的向往，便活泼泼地显现了出来。

六、抓住那条系在传统造型艺术魂魄上的线

寥寥几根线条便可将活泼泼的生机蕴含其中，这样的表达不仅存在于

绘画中，也存在于雕塑中。看汉代名将霍去病墓前的石雕，粗放豪迈，简练传神，工匠没有被造型是否逼真所困扰，而是把关注的重点放在了生命力的表达上，根据原石形态，顺势雕刻，给人以强烈的动感。看其中的跃马造型，从马的头到脖颈、肩背，及至收紧的臀部，一条连贯的轮廓线，富于跳跃的弹力，绷紧了，充满了动的趋势，将战马即将腾跃的姿态表现得淋漓尽致，也给人以生命勃发的启示。

看似静止的线条唤起的却是关于生命跃动的经验。这样的线条让我回忆起了小时候学书法的经历。老师总是反复强调，要放慢速度，要起笔藏锋，逆入平出，行笔有力，力透纸背，教我如何握笔，如何运力，如何将眼、手和笔化为一体，将力量灌注到柔软的毛笔尖，一笔一画就像武术家练太极拳一样，行云流水，将内在的力道蕴含其中。老师说：想画好线条，少了十年的功夫是不行的。小时候怎么也想不通，不就是一条线吗，为什么要说得那么玄乎？后来慢慢理解了，人们欣赏的不是那些线条，而是藏在线条里的活力。随手挥洒的线条虽然能给人痛快的感觉，但是相对于那种克服了一定阻力却依然保持着顺畅感的线条来说，它们就显得过于轻浮无聊了。

对美的渴望与眷恋之情，让画家将美之满足的实现过程延长，在追求快捷效率的活动中，刻意嵌入了一段慢速驻足的桥段，玩味其间，原本简单直接的、目的性明确的行为被精细化、仪式化，就像那意味深长的线条，在其实现造型的任务之外，我们还看见了它对精神力量的召唤。

七、于古拙处举新生，于平淡处见天真

明末清初的画家陈洪绶，号老莲。以"老莲"为号，颇让人感觉意外，老莲，不就是枯荷吗？老去的荷花，衰败的意象，谁会拿这样的意象来为自己取号呢？

找来善于写荷的诗人李商隐的诗，读了读，"西亭翠被余香波，一夜将愁向败荷"，一股深深的忧愁迎面袭来，感觉完全是一副凄楚可怜的样子，以此意象为名号，怎么想都让人觉得不妥。后来，在齐白石的画上看到了"留得残荷听雨声"的句子，才隐约感觉其中应该另有深意。老，并非衰败，更不是残破，而是一种沉淀，老荷自有余味香，余香虽薄，但悠长，虽然翠减红衰，但究竟还是开合天真，逸韵悠远。于是，我暗自揣测，陈洪绶以"老莲"为号，应该有双重的意味，一是取莲"出淤泥而不

染"的生命格调，二是取老者卓尔不群、高逸通透的人格境界。

从老莲的名号，说到陈老莲的画。陈老莲的整个绘画生涯似乎都离不开一个"老"字，也离不开一个"新"字。高古出新奇，一面崇尚古意，一面又推陈出新，这样的艺术轨迹，从他的童年就开始了。在中国古代绘画史上，陈老莲可以称得上"少年老成"，据说，他四岁便在墙壁上画出了关公像；十岁时，在庙里看见吴道子风格的《龟蛇图》便会模仿，看到杭州府学里李公麟的七十二贤石刻，就能临摹，仿其画风；十四岁便可以悬画于市，卖钱了。而且，他很早就形成了以格调高雅、古意盎然著称的绘画风格，称得上是一位早熟的画家。

细品陈老莲的画，他绘画的核心特征可用"老境出新意"来归纳。他往往能够从平淡处做起，枯小处见天真，在老境中经营，古拙处托举新生。看他画的山石，如老者闲暇，闲云野鹤般清瘦，丝毫没有柔腻之态，多孔窍而通灵气，玲珑生巧，回旋活络间凸显出与众不同的风骨。

山石，有瘦漏通透者，也有坚硬刚强者，棱角分明而空旷豁达。这种坚实，不是冥顽不化的粗俗，而是超凡脱俗、独与天地精神相往来的自我独立。画家以淡墨皴擦明暗，尽显其冷寂孤立之态。看夕照青崖上，俏枝在眉梢，映射出独立苍穹，不落群伦的生命意象。

山石旁必有枯木，枯木虽枯，但并不失生机，陈老莲似乎在刻意用一段枯木来昭示一种岁月的痕迹，在枯萎中隐含生机，在丑陋中衬托出新鲜，在扭曲怪诞间，呼唤出一种鲜活的生命活力。

有枯木必有微花，丑到极处，便是美到了极处。

虽然山石苍老，枯木横亘，但只要有微花绽放，便有香气满纸来。相对于山石的亘古绵长，微花仅似烟火般，在时光之流中倏然绽放，但就是

第九章 刹那永恒之美

上图
明 陈洪绶
《花卉图》

下图
明 陈洪绶
《花卉图》之二

这倏然的绽放,却引发了人们关于生命全部美好的想象,山石枯木悠久地存在,似乎也因此有了非凡的意义。

微花吸引来夏虫,在陈老莲的古意中总有夏虫前来应和,像知己一样嗡嗡地飞舞、赞叹,就像是悟道的精灵,快乐得不得了。好像它们仅仅凭借一双翅膀、薄薄的轻纱,就可以遮住整个天空,怀抱全宇宙的爱。它们身上那迷人的玫瑰红和奇异的图案,是吸纳了大自然能量之后的绽放,带着最鲜艳、诱人的色彩,最奇异的花纹,带着全部的爱意和生命的欲望,瞬间闪亮。

一拳山石、一段枯木、几朵微花、几点苔痕,有蝴蝶盘旋其间,恍惚间,让人不免感叹,或许天地怜悯,生命忽倏,在夏虫的世界里,刹那便是永恒。

八、留一片虚空让心灵去飞

在中国的传统绘画观念中，道，无形而变化莫测，老子《道德经》中称为"谷神"，说："谷神不死，是谓玄牝，玄牝之门，是谓天地根。"虚空变化之神是永远不会死的，她就像空虚茫茫的山谷一样，孕育万物，老子将其视为最神秘的存在。

在中国古代的绘画理论中，谷神是美的化身，但是她自己却并不显现，没有具体的形，画家们无从感知她的存在。只能通过想象意会她永恒的静穆，想象当谷神来临的时候，天地为之寂静，湖面上薄雾轻起，海面苍茫空旷，天空云淡辽阔，田野一望无际。所有的物都为之雀跃，所有的人为之欢愉。

谷神不可见，于是，很多画家都将自己全部的绘画理想，寄托在对谷神的颂扬上，其中最著名的是南宋画家马远，他把自己画面的大部分空间都留给了谷神，只在边角处用诸物来暗示谷神的存在，树木的张望、山石的向背、蹊径的蜿蜒、扁舟的泊岸，它们用朝向虚无缥缈处的姿态，颂扬谷神的造化之功。

看那朝向谷神的树木，并不一定高大茂盛，但却秀劲有力。它们的树干崎岖嶙峋，树枝蜿蜒曲折，树叶活泼可爱，类似于庄子寓言中的"散木"，"大本臃肿而不中绳墨，枝干卷曲而不中规矩"，从山崖间凌空而出，向着谷神居住的地方，跳起热情的舞蹈。

马远深知"散木"的理想，它们虽然比不上郁郁葱葱的栋梁之材，没有参天的伟岸，却也昭示着一种生命的意义，充实、活泼、亲切，饱含生机。

南宋 马远《雪景》

如果是柳树，便当风而立，参差而舞，以风动之势，婉转变化，爽爽然颂扬谷神的温柔。如果是松柏，则高下曲直，转折有力，在清苦中透出高逸，点缀青烟般的枝叶，瑟瑟然颂扬谷神的矫健。

马远以隶草笔法，表现"散木"的筋骨，笔画起伏跌宕，跳、转、推、挽间，抽象的线条中有了倔强的意志。用焦墨的痕迹表现松树的坚强，折算停分，远望之若蛟龙翔天；用淡墨表现柳树的婀娜，舞动其容，摇摆处铁画银钩。以疾速之笔求顿挫，以枯涩之笔求变化，痛快处，淋漓酣畅；奔腾处，龙蛇飞动；悠扬处，万岁枯藤。参差高下，昭示生命的天机。

如果说松、柏、柳、槐

第九章 刹那永恒之美

南宋 马远《荻岸停舟图》

等"不材之木"的舞蹈，是画家对谷神热烈向往的精神写照，那么，在马远的绘画中，山就是画家膜拜谷神、悠游遐想的挚友、旅伴。它陪着画家，成为他的背景、他的节奏、他的影踪，仿佛是在为画家的心灵之舞提供道具，为画家的精神眺望搭起露台。而那些闲散自在的山间岩石，它们早已习惯了偏居于一隅，简约率真，与世无争，或闲散于溪流旁，或横卧于山脚下，没有突兀、奇怪，也没有装腔作势，只是安静的、普通的、以最简单的方式隐身于树木和人物之后，悄悄传达着谷神清旷的旨意。

这样的山，这样的树，这样的石，一起朝向宽广无垠的谷神的居所，越过空旷的江面、绵延不绝的青山，而那一叶扁舟便是驶向谷神静穆世界的渡船。

看这幅《荻岸停舟图》，黄昏下的江面宽广，碧空悠悠，小舟缓缓，暮色将近，薄雾轻起，空灵宽阔中蕴含着无边的妙境，仿佛在缥缈间听到了白居易在《风雨晚泊》中的吟诵："苦竹林边芦苇丛，停舟一望思无穷。……此生飘荡何时定，一缕鸿毛天地中。"

就在此刻，谷神已至。

小结

还记得那个无法闭合的圆吗？它像一个空间中的隐喻，面对它，我们的意识在断裂与闭合之间纠结，在破与立的权衡中踌躇，如同摁下了时间的休止符，看生命在极度自由的欲望与没落的死寂间徘徊，让刹那间的感受绵延出时间的意识。

而谷神呢，她更像是一个时间的隐喻，当我们带着渴望之情，一点点充实那片虚空，一步步在自己的生活世界中寻找意义的时候，或许会发现每一个充实之后，都有另一个充实在等待；每一个深度之下，又有另一个深度要开启。在一次又一次的超越中，在追求美的行动中，枯木、顽石、夏虫、微花、青山、流水，世间万物在我们目之所及处，一帧一帧地映射着我们的美。

第十章

齐物逍遥之美

——
当平凡被识美的眼睛照亮的时候，它也就变得不那么平凡了。

　　《庄子·达生》里有一个故事，说有一个名叫梓庆的人善于制鐻，见过他制作鐻的人都惊叹他如有神助。于是有人问他："你是有什么法术吗？"梓庆回答："我没什么法术，就是每次在制鐻之前都要斋戒静心，不敢有过多的思虑，斋戒三天，没有了功利心；斋戒五天，没有了机巧心；斋戒七天，没有了外形的约束，然后去山林里，选材取料，合乎天理地创造，所以犹如神助。"

　　我很好奇，没有外形的约束，没有技巧心，会造出什么样的器物呢？于是查找资料，了解到所谓的鐻就是指古代钟鼓架两侧的柱子，大多雕刻成猛兽的造型。看"曾侯乙编钟"的钟架龙纹蜿蜒盘亘，望之让人不觉毛戴。横梁两端是对称的蟠龙纹，中层是层叠交错的虺龙纹，基座上更是各种龙纹扭曲盘结，整个钟架如同被繁衍的龙吞噬了一般，萦绕着远古的气息。再看横梁上的佩剑铜人，以头、手托顶梁架，像是被困在其中的奴隶一般姿态僵硬，表情凝滞，无声无息地面对着现实世界。

识美十法

战国早期 曾侯乙编
钟 钟架

虽然这造型在整体上给人以超现实的感觉，但当我凝视它的时候，却隐约感觉到了一种真实。那些看似虚幻的形象就像是真实存在的一般，就像恐惧感、敬畏感、神秘感之类的感觉一样，不是被工匠的刻意造作恫吓出来的，而是真实地存在于内心的东西。于是，我突然理解了梓庆斋戒的目的，不是为了从自然中提炼出具体的东西，而是为了唤起自身内在的知觉经验，好让想象的翅膀有风可乘。

一、自然入了心便是从容

我们经常在城市的街道上空看到蓝天和白云，它们被挤在了高楼中间，看上去很局促。钢筋混凝土的墙挡住了云朵飘向天边的路。每当这个时候，我的心里就会忆起，曾经站在溪上眺望山间白云的感觉。那是一次美好的境遇，偶然到了一座山的脚下，偶然跨上了一座横跨在小溪上的桥，偶然听到了溪水潺潺，偶然随着它的叮咚声打起节拍……站在桥上望

第十章 齐物逍遥之美

宋 佚名《山水图》

远山，看飞鸟，心随云移，目光所及之处，皆是静穆的轻盈。

现代人的时间都消耗在了城市里，极少有机会到自然中去，即便是在周末，去公园里欣赏一点园林景致，那也是园丁们种植和维护的花草、树木，它们和我们一样被困在城市的空间里，没有自由抒发的余地。

人造的公园没有生机，更没有野气。我想，三五百年或者一千年以前，古人的园子一定不像现代人的公园这般虚伪。古人造园必依山就势，就像山水画里表现出来的那样，以自然造化为基底，草草木木，在一树一石、一山一水、一亭一壑之间，寓意自然的情趣，安顿逍遥的生命情怀。

去古人造的园子游玩，水边林下是首先要去的地方，那里不仅可以让淘气的孩子们捉迷藏，也可以让成年人在置身山水之

上图
南宋 马远
《西园雅集图》
（局部）

下图
南宋 马远
《高士观瀑图》

时，有适合的落脚之处。林子虽然偏安于角落，但是进入林子，便有了一个相对独立的空间，可以感受静定的氛围。疏朗的林子就像是庇护我们的家屋，驻足其中，抬头，见林间的光，触手可及。

林下见草便知生长意，水边见鱼则知自得意。于山林间，漫步转角处有清泉，万物灵动，空间仿佛一下子活了起来，让悠游其间的人可以舒展自己，拥有自己。

古人造的园子，水边林下总有草亭，让人可以暂时躲避那迎面而来的大山的压迫感。在这个微小的空间里，安静地待一会儿，就像是登山前的小憩，做一个没有细节的白日梦，梦见自己可以穿越时空隧道，飞到山巅，幻想一览众山小的豪迈。所以，

第十章 齐物逍遥之美

元末明初 倪瓒 《容膝斋图》

那亭子造得不用太高,但要足够宽敞;不用雕梁画栋,但一定要用最柔软的茅草铺顶。最好是像露营的帐篷一般,足以挡住秋风和冷雨,让那些向往高山,踌躇满志的人,登山前,可以养精蓄锐,逍遥地朝向更开阔的世界。

水边林下有小溪,古时的溪水一定比现在的水量大,水流也更不稳定。所以它是从山谷间跃出来的,随山婉转,白花花的,像玻璃般的晶莹剔透,我们可以唤它作"野溪"。因为它的性子太急了,不停地拍打着溪畔,聚集成漩涡儿,滴溜溜地打转儿,淘气地往前涌。

溪旁一定有树。松树或者柳树,松树挺拔,松枝参差,柳条在光和影的交叠中飘摇。溪上一定有桥,哪怕是用山间的碎石和木板拼凑而成,但是一定要有稳定干练的感觉。从桥这边望向桥那边,看见对面的山丘渲染上了不一样的色彩,仿佛穿

南宋 马远 《山径春行图》

过了桥，就到了幻梦的彼岸。

从水边草亭，安静的角落出发，穿过小桥，望见泉落云生，山路崎岖。山，蕴含着沉稳的力量，它们或体量宏大，或形态方正，或山势高耸。不管什么样的山，都对天有强烈的向往，像列席于天地宇宙的精灵，透露出一种灵魂的状态。

驻足桥上，仰望苍穹，我们能够看到山的线条伟岸而庄严，它似乎在喃喃自语，"我处于华丽的孤独中""我必须这样矗立"。顶天立地是大山伟大而简单的意向。山边的石头像是微缩的山，虽然尺度远小于山，也不似山那样有精神，但是它却有极强的个性和一种顽强的力量。三角形的、方形的、菱形的、圆形的，柔软的、坚硬的、长满青苔的，善良的和险恶的石头，坚守着各自的特点，它们以类聚，以群分，不一样的石

第十章 齐物逍遥之美

南宋 马远《山亭观松图》

头扎成堆儿，簇成群，在山脚下摆出自己的姿态，期盼岁月静好。

仰望山巅，窥山后，望远山。看云气围绕，穿越，游走，显隐于山峦之间。有了云气，山的世界便有了想象，可以引领人们的目光，划过山的尖峰，指向宇宙的虚空，呼唤出藏在我们心底的那片浩瀚。

恍惚间自身对园林空间的感受与自我精神升华的渴望联系在了一起，寂静无声的画面有了陶冶人心性的能量，而悠游其间的自己，也可以怀揣渴念之情，遐想山路曲折，慨叹远山静穆，从那山水的图景中汲取精神的能量。宛如奏起心灵的乐章，抚琴动操，听得众山皆响。于是，对山水的观照犹如对心灵的关护一样，折射出自我内在的美。饱游饫看，仰俯自得间，看见自己高山仰止、景行行止的身影。

二、心灵任于自然便是逍遥

设想古人造园的情境，一开始，他们的意图应该很简单，仅仅是想找个舒适的地方可以停留。种几棵树挡挡风，搭个亭子歇歇脚，或者种一片竹林，让偶然驻足的客人可以听听风的声音。

当这些功能性的诉求被满足之后，再看那园子，其中存在的就不仅仅是受环境制约的妥协，更掺入了人的意志，倾注着人们安居于世界的渴望和探寻超然的力量。

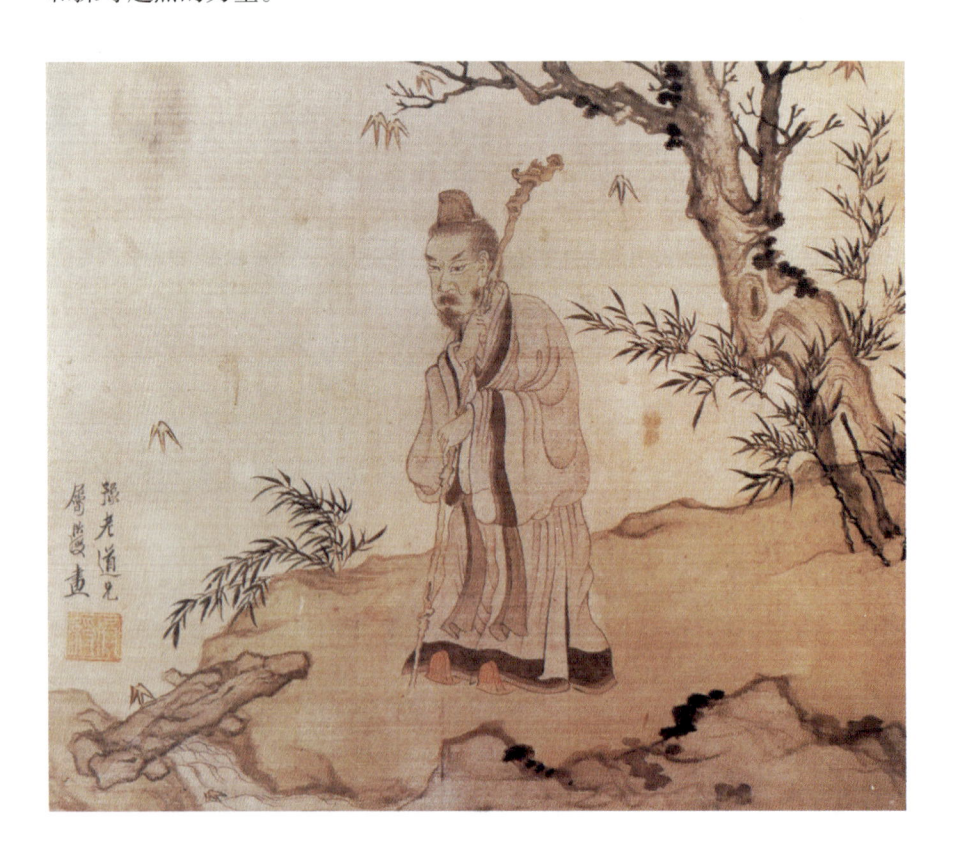

悠游于古人造的园子，我看到了陈老莲《高士临溪图》中的人物，他正凝视着横梗在溪水上的枯木之桥。轻灵的流水与饱经岁月沧桑的桥，这生活中最自然、最朴实的东西，当它们以谦卑的模样进入我们的视野，自然也就进入了我们的思想。同为寄居于天地间的存在者，同为偶然经过这世界的流变者，我们与流水及枯木的境遇何其相像。于是感叹，古人造的园子到底不是用来看的，需要用心，需要将我们生命的经验带入其中，它的美才会显现。

于是，便可在自然中看到自己，能够用心灵之眼化解自然的喧嚣。一棵树，枝繁叶茂；一片云，御风而游。想象自己可以成为高耸的山，撑起顶天立地的梦想；可以成为深邃的谷，把每件事物都包在心里面。人与自然彼此融合，自然的景与我们的情感便休戚与共地连接在了一起。

三、按照自己的气质看自然便是审美

自然生命的气息与社会文化的经验共同塑造了我们的气质。当我们凭着自己的个性气质看世界的时候，所见的世界便被笼罩在了别样的光晕中，而我们自身也会由此感受到一种超越现实束缚的自由。

看吴昌硕所绘《梅清》《竹石》，在遵从物理真实的同时，将自身的气质也倾注在梅与竹的形象之中。我们看到画面中的梅花有迎寒而开的姿态，竹枝有铿锵有节的动势。这似乎是画家观察自然之后的慨叹，将自然形态中与自我意向最契合的姿态截取下来，表现在画面上，让自我的生命精神透过自然的形象表现出来。

不过，如果画家止步于此，仅仅是将自我的个性气质与自然建立连

识美十法

左图
晚清民国　吴昌硕
《梅清》

右图
晚清民国　吴昌硕
《竹石》

接，那显然是不够的。一位画家之所以能在文化世界中获得一席之地，他所用的绘画语言不仅仅要有个性，还需要有文化气质。看这幅《梅清》，画中的梅花迎寒而开，虽然枝干参差错落，但毫无疏林欹倒之态，反而是一派威风凛凛气，如身陷逆境却又斗志昂扬的勇士，挺拔的线条逆锋而出，统一朝向画面的上方。画家在纵横挥毫间，将自我的精神意志凝练在笔墨中，点画如金石凿刻，线形如刀劈斧砍，梅之挺拔、坚韧的意象便透过这独特的笔法形式显现出来。这种具有象征意味的笔法具有心灵能量转化的作用，让识得其笔法的人可以直观地领悟到其中蕴含的高风亮节，而当其笔墨的象征意味得以显现的时候，那梅花的香气也就扑面而来了。

再看这幅《竹石》，笔画铿锵有力。吴昌硕被誉为"石鼓篆书第一人"，他在金石方面有很高的造诣。他以篆籀的笔意入画，点画遒润，画中的山石凝重而又不板滞，墨竹豪迈而不野荡。观其笔意与我们在颜真卿书法中所见武士执戟般的气质颇为相似，同样有一种凛然不可侵犯的浩然正气在。画中题记"月照满地金错刀"，进一步强化了墨竹倚石而立的刚烈之志。于是，我们看到的不仅仅是竹子节节磊落的模样、画家的气魄和勇气，更有凝聚于笔意中的文化气质和生命精神。

当画家带着自我的个性气质，以及在社会生活中涵养的文化气质，面对自然，展开艺术创作的时候，便不再是被动的描摹，也不仅仅是率性而为的野逸，而转变成了一种积极的创造活动，由此，便有了艺术，有了超越现实与表现自然的逍遥。

四、看生活世界万物有情

在看到夏尔丹（Chardin）的老铜锅之前，我从没有意识到温暖的感觉可以从日常的家什、摊在桌台上的锅碗瓢盆中显现，也从未意识到油盐酱醋、点滴油渍、铺不平的桌布也有动人的美存在。面对那些被装上了厚重画框的静物画，我从来没有想象过，它们出自一个名叫夏尔丹的又老又邋遢的画家之手。据说孩子们每天在他去画室的路上追他，向他扔石头，就像在砸一只流浪狗。可是在内心深处，他却无比地美，即便是对着孩子们怒吼，释放的也绝对是一些善良的东西。

你可以想象那老画家的气质，就像是他笔下的老铜锅，或者联想一下平头百姓家里的老铜锅，外形鲁钝，箍圈迟笨，成年累月地被搁在土砌的灶台上，从来不怕磕碰。老旧了却越发结实，浮色褪去了，顽固的劲儿却越发明显。古怪地充满了烟火气，从来不逢迎孩童的味蕾嗜好，只管聚拢食材，蒸煮炖煨，敞着锅盖，让饭菜的气味弥漫四周，招呼大家收拾好桌台，剥开鸡蛋，拿出盐瓶儿，准备开饭。农家的主妇早已习惯了老铜锅称手的感觉，也习惯了它厚重的质地，铜打的胎身让人感觉心里踏实，表皮的斑驳让厚实的触觉有空隙涌出来，真实得就像是家人的拥抱。

这就是夏尔丹和他笔下的老铜锅，受到生活的磨砺而深沉地融化到日常生活中，一味地平常，充满了烟火气，但只有它有权威，可以留住那稍纵即逝的幸福，让它不敢轻易地溜走。用它那厚重的胸怀盛下充实的生活，也给我们留下了一个永恒的温暖的形象，它似乎在告诉我们，情感不是无形的，也不是难以辨认的，有情的世界让人与万物可以安逸自在地相互依存。

夏尔丹《静物铜锅与鸡蛋》

五、得万物之养便可有共生之美

盛夏被称为苦夏,之所以称为苦,是因为夏日的高温经常会超过人的体温而引起身体的不适,引发莫名的情绪,无名之火给人带来苦意。430年前的夏天,大概也如现在的夏天一样酷热难耐。67岁的八大山人自叹不胜溽热,他提笔思量,面对苦夏,该如何自处呢?

于是,他点画了几种消夏的花果,木槿花、佛手、芙蓉和莲荚,题字曰"涉事",想着以此四端接物处事,应该可以安然度夏。

一幅木槿花以淡墨书写。木槿花性喜温凉,花期长,一朵花只开一天,朝开暮谢,不急不躁。要熬过苦夏,这份平和的耐心是必不可少的,大字书写"涉事"二字,表明自己愿从之游的心意。一幅佛手,佛手的香气可入肝、脾、胃三经,有止呕消胀、舒肝健脾的功能,应对暑热引起的消化不良、胸腹胀闷有显著的疗效。在消夏之方中,这样气味的配伍自然是不可少的。一幅木芙蓉,《本草纲目》记载,芙蓉花可凉血清热,因此要画得淡雅一些。医书上说芙蓉配伍莲蓬,可治血热。再画一幅莲蓬置于一侧,莲子饱满,充盈,希望以莲蓬甘涩之味、微凉之性,入心经。

从养生角度看,人与自然相呼应是生命得以安养的前提,身体的健康离不开自然的呵护,即便是保养、调养、补养也要以自然规律为指导,遵循自然生化收藏之变化。在画家的眼里,生命的美感也离不开自然。天地气交,万物华实,夏季炎炎,需要更多的呵护,这种呵护不仅仅是食物营养层面的,更需要精神层面的调剂。以药入身,调节气血;以画入心,调整情志,双管齐下方可达到自然凉的状态。

于是,一张消夏小方便成了,得万物之养,物尽其用,自然共生,思量许久,题字曰:壬申之夏五月涉事。装裱起来,取名《涉事落花图册》。

六、得万物之意便有了情深意厚

自然之物可以入身、入心,也可以知人、知心。

看明代画家陈洪绶所绘《〈西厢记〉插图》中的物什、景物,似乎比我们看书的人更懂主人公的心思。

第十章 齐物逍遥之美

明末清初 八大山人
《涉事落花图册》

明 陈洪绶 《西厢记》插图

《西厢记》讲述的是张生和崔莺莺在侍女红娘的帮助下，冲破种种阻碍，终成眷属的爱情故事。从文学角度说，作品言辞华丽，故事情节跌宕起伏，人物描写细腻传神，堪称经典，而由此衍生出来的插图作品也不乏经典之作。

看陈洪绶的这幅插图，表现的是红娘悄悄为小姐传递信笺的情节，其中精彩之处可圈可点。首先是屏风，营造了一种曲折感，似乎折射着这件事需要一点点曲折变化，而且屏风本身有遮蔽的意思，让人意识到这里面有一点小秘密，不能让人看。

什么秘密呢？画家把它画在了屏风上。第一扇屏风上画的是秋天的枯

叶和蜷缩的鸟，看上去很冷，构图从左上角向右下角延伸、下沉。左上角是枯木，右下角是被虫蛀的秋叶，零落、飘摇，给人感觉迎面有一股寒意袭来。看来在未看到信笺之前，小姐的心情是低落的。

第二扇屏风在小姐的身后，画的是芭蕉。芭蕉在古诗中寓意忧愁和离别。唐代诗人张说有"戏说芭蕉叶，何愁心不开"的诗句。诗人借芭蕉比喻少女的芳心受到了袭扰之后，紧闭心扉，如同收起的书卷。画中的芭蕉叶脉线条繁密，叶片已经舒展，在小姐的身后起到了衬托的作用。看来春天已经到了，寒气被和煦的东风吹开了，一种心结被打开的情境显现出来。

第三扇屏风上画了水仙和梅花。水仙花开放得很早，在青翠的枝叶衬托下，洁白的花朵显得与众不同。中国民间有尧帝的女儿娥皇和女英殉情，化身为水仙之神的传说，因此，腊月的水仙寓意着纯洁的爱情。屏风的右上角画的是喜鹊与梅花，取喜上眉梢之意。花开了，看来信里面的内容是令人愉悦的。画家采用了从左下角到右上角延伸的构图方式，让人的视线有一种向上升的感觉，看来一切都在朝着好的方向发展。

第四扇屏风的表意就更明确了，荷花、莲叶、蝶双飞。四个屏风将小姐崔莺莺的心理活动表现得清晰明了。当我们阅读到其中的视觉意象，不由得会心一笑，其中所得意趣，一点都不比阅读文字或者观看《西厢记》的戏曲表演来得少。

再看画中的两个人物。红娘是侍女，性格开朗，心思敏捷，造型多用曲线，轻盈而灵动。她此刻正躲在屏风后面偷看，探身过来，悄悄张望。小姐的身上则多是长弧线，饱含着挺拔的气息。既然是大小姐，那身姿必然是端庄的，下身裙带线条修长挺拔，上身衣襟线条紧凑，让人有一种视线往上抬的感觉，小姐矜持的情态显现了出来。同时，我们看到小姐的身体轻微地向前倾，侧向一旁，她在下意识地回避，怕被别人发现。

所有这一切构成了一条起伏跌宕的线，从左上角的枯木延伸到小姐手中的信笺，再延伸到水仙花，及至喜鹊与蝴蝶的羽翼，最终全收到了红娘的眼里。如果说屏风的曲线是这首歌的旋律的话，这条跌宕起伏的线，便是花腔女高音的吟唱，委婉动听。

画家利用图形象征的语言，将看不到的气韵显现了出来。人物的情态、思想，乃至精神气质，都在这线条、图形乃至图像的隐喻中被表现得含蓄而意味深长。这是传统绘画艺术中最动人的部分，超越了具象的形似层面，而将文化的气息蕴含在了绘画的形式当中。

于是，那些自然的物——花花草草不再仅仅是让人感叹自然美的材料，而转化为具有文化属性的视觉符号，画中的形象以及绘画的形式也不再是孤立的，而是一同参与到画家的意向表达中，为我们的生活勾勒出一首寓意美好的诗歌。

七、与俗浮沉，便可识人情世事之美

明代的木刻版画《圣迹图》中有"微服过宋"，讲述的是孔子与众弟子路过宋国，走散了。弟子向路人打听是否见过孔子？路人回答：是不是一个身材伟岸的人，脖颈像古代的帝王皋陶，肩背类似郑国的贤相子产，腰身类似大禹，但是，他的神态却像丧家之狗。后来，弟子们找到了孔子，跟孔子复述路人的描述，孔子说：样子倒是其次的，说像丧家之狗倒是挺贴切。

民众随性，圣贤豁达。画中有两个焦点，一个是孔子，站在画面的左

第十章 齐物逍遥之美

明正统九年刊本《圣迹图》之微服过宋

> 孔子去宋過鄭與弟子相失孔子獨立郭東門鄭人謂子貢曰東門有人其頸似皋陶其肩類子產然自肩以下不及禹三寸纍纍然若喪家之狗子貢告孔子孔子笑曰形狀末也而似喪家之狗然哉然哉
>
> 出自東門 頹墉徘徊 能識聖家 既異其狀 卿哉鄭人 復睠其纍 云乎不來

上方，背后是城池；一个是众弟子在向路人打听消息。画面给人直观的感觉是一静一动，上半部画的是城池，横平竖直，几何的线形蕴含着稳定的结构，给人以规则严谨、秩序井然的感觉；画的下方是川流的行人，贩夫走卒杂役人等，他们接踵而行，一派喧嚣繁杂的情境。

匆忙的人流像河水般流淌，似有一股力量，在推着他们往前赶。看左边起手的第一个人，他一边行走，一边回头望，衣襟摆动的姿态告诉我们，他是刚刚才放缓了步伐的，可能是孔子与众不同的气息吸引了他，或在此刻，他看到了孔子脖颈像皋陶，肩背似子产的伟岸。第二个人紧跟在驴的后面，他正专注于赶路，没有闲暇左顾右盼，眼睛紧盯着前方骑驴的人，让我们眼睛也不由得跟着他关注到了前面的骑驴人。

骑驴不似骑马，与威严或富贵感沾不上边儿。虽然在文人逸士眼里，骑驴是一件惬意的事，驴背上的时光总是很悠闲，沿着清幽的小路徐徐而

231

行，闲荡于四野，郊游于贤达，不时还会生出诗人的情怀，吟诗一首。但是，画中的这头驴显然没有这样的闲情，看它低头赶路的姿态，便知它谦卑的灵魂已是低到了尘埃里。

同样惹了尘埃的还有骑驴人头上戴的那顶席帽。席帽是一种以藤席作为骨架、形似斗笠的帽子，四边悬挂纱巾以遮阳挡风沙。防风挡沙的席帽自然引起了文人们的遐思，生活中那些风尘仆仆的人大概都需要这么一顶席帽吧。于是，有席帽出现的诗句总给人一种风尘感，"丹霞不踏长安道，生涯萧条破席帽"。宋代诗人范成大也有"须知席帽冲尘出，不似篷窗听雨眠"的诗句。头戴席帽的人骑着驴在前面赶路，走在他前面的人，步履本来是匆忙的，但是此刻，被孔子的弟子们挡了路，脚步戛然而止。

孔子的弟子在毕恭毕敬地问路，他的姿态严肃得像在行参拜的礼仪。特别是他的衣袖更是让人感觉夸张，因为如果按照写实的规则来看，要让袖子拢在一起达到如此厚度，那一定需要很多布，甚至三倍的袖长都达不到如此层叠的效果。但是，正是这层层叠叠的状态，在视觉上才给人以郑重其事的感觉，并有足够的力量挡住熙攘的人流。问路的弟子身后还有三个弟子，他们不似那些奔忙的人沉沦在生活中，而是安静地站立，好像在讨论生活以外的事情，手指向了画外，或者在谈些形而上的道理。三个人组成了一个三角形，显得庄重而严肃。匆忙的人流至此停了下来。

回看整个画面下半部的构图，人物动态从静而动，由动及静。从第一个人驻足观望，第二个人急匆匆往前赶，到第三个人骑驴往前冲，一路如流水般汹涌，让人联想到了人世间的操劳，及至被孔子的弟子打断，以庄严的礼仪，截断了川流的趋势，就像铿锵有力的交响乐一样，在渐趋激昂之时，遇到了一个不一样的休止符。世俗与礼教的碰撞在这样一组形象中被表现得淋漓尽致。

  恰在此时，画中的一个道具引起了我的好奇，为什么画中那些操劳的人肩上都扛了一把收拢的伞，是为了防风雨吗？因为这是明朝的版画，便让我联想到了明朝的轶事。据说，明末著名的哲学家王夫之为了表达自己不与清廷合作，誓不归化的决心，几十年如一日，出门就打伞，不管是否下雨。与王夫之不同，画中人扛着的伞是收拢的，或许画家在借此隐喻百姓接受了礼的教化，不会遮蔽礼教的光辉。

  顺着这两把伞的方向延伸出去，与指路的人手指的方向一致，都指向了远处的孔子。看孔子站在画面的左端，他背后的城池横平竖直，隐喻着礼教的世界，他面前的芸芸众生匆忙操劳，隐喻着世俗的世界。而孔子的神情既不似弃绝尘世的神仙超然，也不似闭眼涅槃的佛陀漠然，他转身过来，向这边张望。当我们的眼睛顺着川流不息的人流，一路前行，回转，望向孔子的时候，蕴含在视觉形式中的象征意味便显现了出来。由此，构图形式与人物形象作为一种视觉符号，为人们提供了一种直观地理解和解释社会秩序的方式。

  事实上，在传统文化中，每一种约定俗成的视觉符号都意味着一种需要被人们识记的东西。如果随着时代的流转，这些象征性的符号被遗失了，那么所谓的文化也就失去了实际的内容，而当一种文化消失之后，依赖此种文化生存的人们就不得不重新从描摹自然的状态开始，一步步地去重新建构自己的视觉文化符号系统。

小结

《庄子·逍遥游》中有畅想自我精神的自由，以及与自然融为一体的逍遥。对于沉沦在日常生活中的我们来说，那是一个梦、一次向往着朝彻神性的无止境的旅行，也是我们每个人从一生下来就渴望开启的旅行。

为了这场旅行，我们调整生活的观念，积蓄情感，求助于艺术赏析的知识，希望它能给予我们帮助。当我们踏上旅程，却发现自己所能依靠的，只有对美的信赖和对自我生命意志的确信。而沿途遇到的每一处自然风景、每一个文化遗迹、每一位艺术大师，乃至每一件日常的琐事都轮流为我们做出例证：衡量一切事物的尺度就藏在人的生命里，每一个人也应该以贴近自我的方式去体验世界的丰富性，去解释生命经历的复杂性，而美会伴随着我们与自然、社会休戚与共的感觉的复苏而一道显现。